W0061996

GEORG KÜHLEWIND

Vom Umgang mit der Anthroposophie

STUDIEN UND VERSUCHE

30

GEORG KÜHLEWIND

Vom Umgang
mit der Anthroposophie

VERLAG FREIES GEISTESLEBEN

CIP-Titelaufnahme der Deutschen Bibliothek

Kühlewind, Georg:
Vom Umgang mit der Anthroposophie / Georg Kühlewind. –
Stuttgart: Verlag Freies Geistesleben, 1991
(Studien und Versuche; 30)

ISBN 3-7725-0060-9
NE: GT

Einband: Walther Roggenkamp
Die Rechte an den Texten Rudolf Steiners liegen bei der
Rudolf Steiner Nachlaßverwaltung, Dornach.
© 1991 Verlag Freies Geistesleben GmbH, Stuttgart
Druck: Werner Schaubruch, Bodenheim

Inhalt

Vorwort

Eine weitverbreitete Erfahrung in der Begegnung mit der Anthroposophie ist, daß bei den Darstellungen von geistigen Tatsachen durch Rudolf Steiner im Leser oder Zuhörer ein spontanes Evidenzgefühl aufsteigt.

Man weiß mit Sicherheit: «Das ist gewiß so» oder «das habe ich eigentlich schon gewußt, jetzt ist es nur klar und deutlich bewußt geworden» oder «dies habe ich schon vorher selbst deutlich erlebt».

Das mag ein Grundsätzliches in bezug auf das Wesen des Menschen sein. Sehr oft kann sich diese Erkenntnis auf die Gesetzmäßigkeiten des Lebenslaufes beziehen. Man hat eine Tatsache selbst durchlebt und durchlitten, und nun wird sie überzeugend klar durchschaut. Es mag sein, daß es die Darstellung der wiederholten Erdenleben ist, und plötzlich tauchen ohne Absicht und ohne meditative Übung starke Lebensbilder aus anderen Zeitaltern auf, die schwerlich etwas anderes als Situationsbilder aus einem früheren Erdenleben sein können, und die sofort so gedeutet werden. Oder es kann vorkommen, daß mitten in einer Darstellung Rudolf Steiners von scheinbar weit abgelegenen und hohen Sphären der geistigen Welten das Erlebnis kommt, daß die physische Umgebung des Zimmers, wo man sich gerade befindet, völlig verschwindet und die dargestellte geistige Wirklichkeit mit überzeugender Evidenz einfach «anwesend» ist.

Was liegt hier vor? Die Menschen der Gegenwart sind im Unterbewußtsein an der Schwelle zur geistigen Welt angekommen. Es bedarf oft nur ganz weniger Anstöße von außen, und die geistigen Tatsachen ragen irgendwie in das Bewußtsein herein. Der Ätherleib des Menschen beginnt langsam, sich etwas von dem Gefesseltsein am physischen Leib zu lösen und zu lockern, und spontane hellsichtige Erlebnisse – ohne vorausgehende denkerische und meditative Schulung – treten hervor.

In dieser Lage bildet sich ein Grenzfeld vor, an und auf der anderen Seite der Schwelle zur geistigen Welt, wo sehr große Täuschungsmöglichkeiten entstehen können. Denn so wie jede physisch-sinnliche Wahrnehmung erst durch die erkennende Denktätigkeit gewissermaßen «nach oben» zur wahren Wirklichkeit ergänzt wird, braucht jede übersinnliche Wahrnehmung geistiger Tatsachen gewissermaßen «nach unten» durch denkend-erkennende Tätigkeit die Ergänzung, wodurch erst die wahre Wirklichkeit erfaßt werden kann.

Nur allzuleicht mischen sich in diesem Grenzfeld vor, an und jenseits der Schwelle zur geistigen Welt Vorstellungen, die nicht denkend verarbeitet wurden, halbbewußte Erinnerungsreste, undurchschaute Wünsche, Triebe und Begierden in das Erleben der geistigen Tatsachen herein, und das Ergebnis mag nur allzuoft Täuschung und Aberglaube sein.

Dieses Grenzfeld, in dem der moderne Mensch bewußt, halbbewußt oder ganz unbewußt sein wahres Wesen sehnsuchtsvoll in der geistigen Welt sucht, braucht deshalb eine radikale Reinigung, eine Katharsis, die nur durch eine durchgreifende Selbsterkenntnis, Lebensumwandlung und abklärende Denkschulung als Voraussetzung für die Wahrheitssuche erreicht werden kann.

Hinzu kommt in der Gegenwart eine ständig steigende Inflation von Worten durch alle Massenmedien und die Sintflut der gedruckten Texte. Wo hört der Wortschwall auf, und wo beginnt das Denken? Die Inflation der Worte macht natürlich auch vor den Türen der Anthroposophischen Gesellschaft nicht halt. Ständig muß in innerer Anstrengung die geistige Tätigkeit des Denkens – unabhängig von den Worten – neu geübt werden, so daß dann aus dieser rein geistigen Kraft jedes Wort wiederum neu, von innen, durch denkend erfaßte Tatsachen erfüllt werden kann.

Diese Reinigung ist ein besonderes Anliegen von Georg Kühlewind, der in seinen Werken immer wieder auf die Bedeutung der mühevollen Denkschulung als Voraussetzung auf dem Weg zur Wahrheit hinweist.

In dem vorliegenden Buch «Vom Umgang mit der Anthroposophie» geht es um das Studium der Anthroposophie, um den Umgang mit der Geisteswissenschaft Rudolf Steiners.

Im Anhang sind besonders markante Stellen zu diesem Thema aus dem Werk Rudolf Steiners zusammengestellt, wo von den verschiedensten Seiten die Reinigung des Grenzfeldes, die Überwindung der Täuschungsquellen an der Schwelle zur geistigen Welt mit strengen Worten charakterisiert wird.

Eine besondere, zusätzliche Bedeutung hat diese Arbeit der Erkenntnisreinigung durch Denkschulung in der Gegenwart, wo in der unmittelbaren Umgebung der Anthroposophischen Gesellschaft eine sonderbare Flora von etwa dreißig verschiedenen «okkultistischen» Bewegungen sich entfaltet, und wo immer wieder auch Anthroposophen hereinfallen, weil sie offensichtlich die Unterscheidungsfähigkeit in diesem Grenzfeld an der Schwelle zur geistigen Welt nicht zureichend geübt haben.

Eine gründliche Reinigung scheint auch in dieser Richtung aktuell zu sein. Dieses Buch möge ein Betrag dazu sein.

Dornach im November 1990   *Jörgen Smit*

Einleitung

Die Anthroposophie wendet sich als Idee an das Denken, und durch das Denken kann sie als leuchtende Wärme zum Herzen sprechen. Diese Bewegung setzt aber voraus, daß das Denken nicht an sein Instrument, das Gehirn, gefesselt bleibt. Wird das Denken durch den Mechanismus des Gehirns bestimmt, dann verliert es seine Autonomie und kann sich nicht mehr frei betätigen. Dann wird die Annahme, das Gehirn sei es, das denkt, Wirklichkeit.

Der Umgang mit der Anthroposophie kann dazu dienen, daß der Mensch sein Denken und Seelenwesen mehr und mehr unabhängig macht von den vorgegebenen Strukturen des Gehirns, des physischen Leibes. Das ist das Ziel des Studiums der Anthroposophie: ein Tun, ein Geschehen, nicht ein Wissen über Inhalte, die man fälschlich für Informationen nimmt. Dieses Ziel wäre gänzlich illusionär, würde der Mensch nicht schon im Alltagsleben bei jedem *neuen* Verstehen die überbewußten Bewußtseinsebenen punktuell berühren. Diese Berührung zu erweitern, den Lichtblitzen Dauer zu geben, ihre Erfahrung auszudehnen ist das Ziel des Umganges mit der Anthroposophie auf der Ebene des Studiums. Die *Metanoia,* Sinn-Änderung, bedeutet, daß der Lesend-Übende die Ebene, nicht nur die Inhalte seines Bewußtseins verändert. Die Inhalte dienen diesem Ziel: Ihr wirklicher Sinn ergibt sich nur dem erhöhten Bewußtsein. Man liest viel langsamer, wenn man wegen des Wie der Darstellung (s. Anhang XV, S. 64) und nicht nur wegen des «Inhalts» liest. Studium heißt hier: Lesen und Üben.

Die vorliegende Schrift hat zwei Ziele: zum übenden Umgang mit der Geisteswissenschaft und zur selbständigen Neuformulierung ihrer Inhalte aufgrund von Erfahrungen anzuregen. Denn die Zeiten ändern sich schnell, viel schneller als früher.

Wahrheiten können nicht einfach als feststehende Dogmen überliefert werden, sie sind immer Wahrheiten eines bestimmten Zeitalters und müssen zu jeder Zeit neu aufgefaßt werden, und das erfordert jeweils eine erneute Aktivität in bezug auf die Auffassungsgabe der Menschen (vgl. Anhang XX, S. 70).

Der im zweiten Teil dieser Schrift beigegebene Anhang dient dazu, den Leser auf entsprechende Aussagen Rudolf Steiners hinzuweisen. Die Zitate sind nicht als «Beweise» gemeint, sondern sie sollen zeigen, wie Rudolf Steiner seine Mitteilungen über geistige Erfahrungen gemeint hat.

In dieser Schrift wird eine Art Umgang mit der Anthroposophie vertreten und vorgeschlagen, die heute und vielleicht auch morgen noch aktuell ist. Das bedeutet nicht, daß der Autor jede andere Weise, sich mit der Geisteswissenschaft zu befassen, verpönt oder verurteilt. Im Gegenteil: Er verneigt sich tief im Geiste vor denen, die ihm die Anthroposophie auf ihre ganz andere Weise vermittelt haben, und auch vor denen, die in der Zukunft weitere, von seiner ganz verschiedene Methoden entwickeln. Daß dies geschehen wird, ist seine Hoffnung: Denn eine Lehre lebt nur, solange sie sich wandelt.

«Die Erziehung, welche die Geisteswissenschaft an uns vollführt, ist viel wichtiger als der Inhalt der Geisteswissenschaft.»[1]

Der Umgang sollte nicht zum Umgehen führen.

I.

Der Charakter
der Geisteswissenschaft

Alle Wissenschaften, außer der Geisteswissenschaft, arbeiten auf derselben Bewußtseinsebene. Diese ist dadurch gekennzeichnet, daß sie die Produkte oder Ergebnisse von Vorgängen enthält, aus ihnen besteht, während die Vorgänge selbst meistens unbemerkt bleiben und nicht erfahren werden, wie z.B. das Denken, das Gedachtes produziert. Der Gedanke ist das fertige Produkt des Denkprozesses, und der akustisch oder schriftlich ausgedrückte Gedanke muß durch ein neues Denken gehen, in ihm für einen Augenblick flüssig, lebendig werden, wenn er verstanden werden soll. Es ist bezeichnend, daß wir dieses Schmelzen und gleich Wiederverfestigen des Gedankens gar nicht erfahren – so schnell geschieht es. Bekannte Gedanken werden durch den Gedankensinn als solche erfaßt, ohne oder durch sehr wenig aktuelles Denken.

Die gekennzeichnete Ebene soll sinngemäß die *informative* genannt werden: Sie besteht aus Information wie «so ist es», «so geht es vor sich» oder entsprechenden Feststellungen. Diesen Feststellungen liegen in der Naturwissenschaft und anderen sie nachahmenden Wissenschaften die Fragen zugrunde: «warum?», «woraus?» und «wie?»; sie sind alle analytisch. Was analysiert wird, muß erst als Einheit *gegeben* werden, durch vorangehende bewußte oder aus der Kindheit gebliebene nichtbewußte Kenntnisse oder Erkenntnisse. Letztlich können diese auf unmittelbar innegewordene Elemente zurückgeführt werden. Solche sind z.B. die ersten verstandenen Worte, Begriffe, Sinnesqualitäten usw.

Wenn man hingegen einen Text verstehen will, dann lautet die Frage anders: «Was *bedeutet* das?» Man fragt nicht, woraus die Zeichen, z.B. Buchstaben, bestehen, warum sie auf die gegebene Weise aufeinander folgen oder wie sie auf das Papier gekommen sind, welche Gestalt oder welche Entfernung sie voneinander haben. Zusammenlesen und verstehen kann man den Text immer nur von obenher: Die Ebene der Buchstaben wird verlassen, um zu den Worten, die der Worte, um zum *Sinn* des Satzes zu kommen. Der Sinn *entsteht* im lesenden, verstehenden Bewußtsein, ist kein Ding, auch mit keinem der Zeichen, die ihn in der Wahrnehmungswelt ausdrücken, identisch, auch nicht mit ihrer Gesamtheit. Ebenso kann ein Phänomen – auch das Erkennen – nur von obenher verstanden werden.

Die Geisteswissenschaft ist gerade auf jenes Gebiet, auf jene Prozesse gerichtet, aus denen die anderen Wissenschaften ihren Inhalt beziehen, aus dem das Weltbild des Alltagsbewußtseins, dessen Ebene dieselbe wie der Wissenschaft ist, aufgebaut ist. Ihre Welt ist die Welt des Erkennens und des Erkennenden, nicht die des Erkannten im gewöhnlichen Sinne. Ihre unterste Ebene ist die, auf der der *Sinn* eines Satzes zu finden ist, und von da erstreckt sie sich aufwärts zu noch höheren Ebenen des Bewußtseins. Daher ist sie nicht auf der informativen Ebene zu betreiben und zu verstehen. Sie erfordert ständig ein Sich-Erheben von dieser auf eine höhere: Sie ist im eminentesten Sinne eine *lesende* Wissenschaft. Die Gedanken und Bilder, durch die sie mitgeteilt wird, bilden die Ausgangspunkte zu einem höheren Sinn, wie Buchstaben und Worte Ausgangspunkte sind, den Sinn des Satzes zu erreichen. Diese Art von Lesen, in dem Gedanken, Bilder oder Wahrnehmungen die Elemente sind, wird *Meditieren* genannt. Das gewöhnliche *Verstehen* – das Aufblitzen eines neuen Verständnisses – kann als eine momentane kurze Meditation angesehen werden. Die Meditation ist der direkte Weg zur *Erfahrung* auf dem Gebiet der Geisteswissenschaft. Wer sich ihr auf diese Weise nähert, kann im weiteren auch geisteswissenschaftlich forschen. Ein vorläufiger Weg zum Verstehen der Ergebnisse solcher Forschung kann die gedankliche Intuition sein. Die Ergebnisse sind Ideen höherer Art. Sie können dem nicht-meditierenden intuitiven Denken – dieses ist *wirklich* Denken – auf zwei Wegen vermittelt werden.[2]

Jede Erkenntnis wird durch Bewußtseinsprozesse erworben und kann in sie aufgelöst, daher auch in der Form solcher Vorgänge beschrieben werden. Das kann auch im Hinblick auf höhere Erkenntnisse stattfinden – und das ist der eine Weg. *Diese* Bewußtseinsprozesse aber sind zunächst gar nicht bekannt, und ohne eine gewisse Übung auf dem Schulungsweg ist ihre Beschreibung unverständlich; etwa wie die Bewegungen eines Geigers einem, der nie das Geigen gesehen hat, kaum zu beschreiben sind. Die Beschreibung der Bewußtseinsvorgänge kann so gehalten werden, daß man sie nicht mißverstehen kann: Entweder findet man die Wirklichkeit des Beschriebenen durch Intuition oder eben nicht. Der andere Weg ist die bildliche Wiedergabe der übersinnlichen Forschungsergebnisse. In diesem Fall ersetzen die Bilder eine Wahrnehmung, die man nicht fähig ist zu haben. Die Bilder dürfen nie im Sinne *unserer* alltäglichen Wahrnehmungen genommen werden – und die Gefahr eines solchen Mißverstehens ist groß –, sonst entsteht eine Vorstellungswelt nach dem Muster unserer Sinneswahrnehmungen und wird für eine geistige Welt gehalten (vgl. Anhang I, S. 36). Die Bilder müssen in ihrem Symbolcharakter vernommen und gelesen, nicht durch den alltäglichen Verstand *gedeutet* werden. Sie können auch zu gedanklichen Intuitionen führen, wie eine Sinneswahrnehmung es im geglückten Fall auch tut.

Die zwei erwähnten Wege zur Geisteswissenschaft sind *vernehmende* Gebärden; sie führen zu einem gewissen Verständnis, nicht aber zur Möglichkeit, mit den Ergebnissen der Geistesforschung zu *leben,* mit ihnen frei und sachgemäß umzugehen. Durch Spekulation, Kombination, durch die Verknüpfung der Ergebnisse der Geistesforschung durch den Verstand überschreitet man die Kompetenz, die durch das präliminare Verstehen gegeben ist (vgl. Anhang II, S. 37). Der Verstand arbeitet auf einer niedrigeren Ebene, als woher die Ergebnisse rühren: Ihre Kombination wäre eine Vermischung – und Verunreinigung – der unterschiedlichen Ebenen. Immerhin ist die Versuchung zum spekulativen Anwenden des Verstandenen groß. Da es sich jedoch nicht um Informationen handelt, ist jedes Vergleichen, Kombinieren unsachgemäß. Über die geistige Welt, da sie auch in ihrer untersten Ebene nur bis zur Ebene des *Werdens* kommt, kann es keine Informationen geben, wie sie in der Welt des «Seins» möglich sind. Jeder Versuch, die Ergebnisse der geistigen Forschung als «Inhalte» zu nehmen, führt zu ihrer Verzerrung. Es führt zu den unzähligen Mißverständnissen, die den Zugang zur Geisteswissenschaft verschleiern und verdecken, gerade vor denjenigen, die sie ernsthaft suchen – es ist die Korruption der Lehre.

Aus dem Vorangehenden sollte ersichtlich geworden sein, daß das Wissen und Erinnern der geisteswissenschaftlichen Mitteilungen kein primäres Ziel sein kann. Das Ziel dieser Mitteilungen ist, daß sich die Bewußtseinsebene im sich-Befassen mit ihnen erhöhe (vgl. Anhang III, S. 38).

Der gesunde Menschenverstand

Eine Quelle der Mißverständnisse ist sicherlich darin zu finden, daß Steiner sich sehr oft an den «gesunden, unvoreingenommenen Menschenverstand» wendet: Sind die geistigen Wahrheiten einmal durch entsprechende Forschung erworben und in eine sachgemäße sprachliche Form gebracht worden, dann sind sie für den «gesunden Menschenverstand» begreifbar. Selten achtet man auf das, was Steiner unter «gesundem Menschenverstand» versteht. Beachtete man seine Aussagen darüber, so ginge man mit den Texten viel vorsichtiger um (vgl. Anhang IV, S. 39).

Aus den im Anhang angeführten Texten mag es klar sein, daß der gesunde Menschenverstand keineswegs etwas allgemein Gegebenes, sondern eine hohe Anforderung ist, die man kaum anders als durch Bewußtseinsschulung erfüllen kann. Sie wird von Steiner auch oft als «reines Denken» charakterisiert. Der Ausdruck hat eine Tiefe; er bezeichnet eine Stufenfolge von Reinigungsakten im Hinblick auf das Denken.

Die erste Stufe besteht wohl darin, daß das Denken von allen emotionellen Beimischungen, Vorurteilen, Neigungen usw. befreit wird. Die zweite befreit es von den Wahrnehmungselementen, so wird es zwar «sinnlichkeitsfrei», aber es kann abstrakt, d.h. auf der Alltagsebene bleiben (vgl. Anhang V, S. 45). Im nächsten Schritt wird das Denken von den Vergangenheitselementen gereinigt, und das bedeutet, daß es leibfrei wird, d.h. sich nicht mehr auf die Gehirnprozesse stützt, und sich auf die prozessuale, lebende oder imaginative Ebene erhebt: das *reine lebendige* Denken. Die weiteren höheren Stufen werden nicht mehr «Denken» genannt, obwohl sie das lebendige Denken in sich aufgenommen enthalten (erkennendes Fühlen und Wollen).

Das lebendige Denken ist das gesunde, unvoreingenommene Denken, der «gesunde Menschenverstand» (vgl. Anhang V, S. 45).

Wenn man einem Weg oder einer Lehre begegnet, die zu höheren Erkenntnissen führen sollen, so hat man ein Paradoxon zu überwinden: Daß man nämlich die Lehre zunächst durch ein Bewußtsein vernimmt, das noch nicht belehrt oder verwandelt ist. Dieses kann eigentlich die Lehren, die es als vernehmendes übersteigen, nicht verstehen. Die Möglichkeit, aus dieser Falle des Bewußtseins herauszufinden, kommt durch zwei einander entgegenstrebende Gebärden zustande. Die eine ist die des modernen Bewußtseins – der Bewußtseinsseele –, das auf sich selbst schauen oder reflektieren kann, d.h. sich auf *zwei* Ebenen bewegt, wenn auch die höhere nur flüchtig und selten berührt wird[3]; die andere ist eine solche Beschreibung des Weganfanges oder des zugänglichsten Teiles der Lehre, der das hinaufstrebende Bewußtsein begegnen kann. Das ist der Weg zu der in Kapitel 1 erwähnten gedanklichen Intuition. Findet so eine Begegnung statt, dann ist der Weg von Schritt zu Schritt gesichert. Nur auf dem Weg der konkreten Bewußtseinsübungen ist das wirkliche Verstehen der Lehre graduell möglich. Zum provisorischen, anfänglichen Verstehen muß das Bewußtsein wenigstens punktuell auf die entsprechende Ebene gehoben werden. Dazu kann das Reflektieren auf sich selbst verhelfen, indem es das Nicht-Verstehen oder das unzulängliche Verstehen *bemerkt:* eine der wichtigsten Erfahrungen beim Studium.

3.

«Inhalte»

Der naive Realismus, die Ansicht, daß es Wahrnehmungen, Gedanken, Tatsachen usw. ohne mein Mitwirken gibt, daß all dies einfach «da ist», diese stark eingewurzelte Lebenshaltung ist vielleicht im Hinblick auf das Lesen von Texten am schwierigsten zu überwinden, obwohl es auf diesem Gebiet am ehesten und leichtesten geschehen könnte. Denn es ist eine allgemeine und oft erlebte Erfahrung, daß ein Text, ein Buch mir nur sagen kann, was ich zu verstehen gerade imstande bin; und wenn ich «denselben» Text nach einiger Zeit wiederlese, kann er mir ganz fremd vorkommen und ganz neue Inhalte vermitteln. Daraus könnte man durchaus leicht zur Einsicht gelangen, daß es «Inhalte» nur für mich, durch mein Verstehen gibt und daß auch Gedanken als Gedanken nur dann in mein Bewußtsein treten können, wenn ich ihre tote Form – die schriftliche oder akustische Erscheinung – in mir auferstehen lasse, indem ich sie *denke*. Nur durch mein Denken wird ein «Gedanke» mir zugänglich, Gedanke für mich (abgesehen von wohlbekannten Gedanken, die ich durch den Gedankensinn ohne aktuelles Denken vernehmen kann).

Daher ist die sehr verbreitete Ansicht, daß «geistige Inhalte» «wirken», ein Ausfluß des naiven Realismus, einer erkenntnistheoretisch ungeschulten Naivität. Es gibt «an sich» weder Inhalte noch Gedanken. Wie alles andere haben sie intentionale Realität, d.h. ihre Wirklichkeit (damit auch ihre Wirksamkeit) wird von zwei Seiten her bestimmt: von dem Autor oder Denkenden und von dem Leser oder Vernehmenden.

Die mißverstandenen, nominell oder inadäquat aufgenommenen Inhalte – Dogmen – haben allerdings eine sehr eindeutige «Wirkung»:

Sie verderben das Bewußtseinsleben und lassen es erkranken. Wird in das Bewußtsein ein «Inhalt» ohne Verstehen, mißverstanden oder inadäquat verstanden aufgenommen, ohne daß man es bemerkt, so bildet er einen Einschluß, eine nicht mehr durchblutete Stelle im Bewußtsein, woran dieses erkrankt: Es erhält die Neigung, weitere Einschlüsse in sich zu bilden. Die Erkrankung des Erkennens zieht zwangsgemäß die Erkrankung des moralischen Empfindens mit sich – falls die Moralität nicht schon früher erkrankt war und die Erkrankung des Erkenntnislebens gerade aus moralischen Gründen (z.B. durch Ehrgeiz) erfolgt ist.

Die Bewußtseinsstruktur des modernen Menschen schließt es aus, daß das Wort auf ihn eine unmittelbare Wirksamkeit habe, es muß von ihm entgegengenommen werden. Darauf gründet die menschliche Freiheit. Demagogen versuchen durch ihre Rede nicht auf das Erkennen, sondern auf das Emotionsleben des Menschen zu «wirken» – ein Angriff auf die menschliche Freiheit. Für das moderne Bewußtsein ist ein «mantrischer» Text nur dann wirksam, wenn der Text in die Meditation hereingenommen und auf diese Weise *verwirklicht* wird (vgl. Anhang VI, S. 46).

Ein geisteswissenschaftliches Buch ist nicht wie eine Zahncremetube, aus der durch einen leichten Druck der «Inhalt» herausfließt und zur Verfügung steht.

4.
Wissen und Können

Um zu einem nichtinformativen höheren Wissen zu gelangen, muß man ein entsprechendes Können entwickeln. Wenn Wissen und Können getrennt werden, verkommen beide. Das Wissen oder die Weisheit wird zum gedachten Gedanken, zur Information, zum Dogma, zur Lehre auf einer inadäquaten Ebene, zum Formalismus, wenn es der Fähigkeit entbehrt, durch die es zustande gekommen ist. Eine Meditation ohne Erkenntnis führt zu bloß seelischen Zuständen, zum Quietismus, zur Selbstpflege und ist für die Menschheit, für die Erde, für das Weltall bedeutungslos.

In der Geschichte des Zen-Buddhismus findet man den Kampf um die erkennende Meditation wiederholt historisch dargestellt.[4] Die alten Zen-Meister wußten von der Gefahr der Mitteilung und wollten dieser durch Nicht-Mitteilen vorbeugen. Ähnlich verfuhr die sogenannte negative Theologie von Dionysius Areopagita bis Nicolaus Cusanus, indem sie vermied, über das Göttliche anders als negativ – nicht dies, nicht das, neti neti – zu sprechen. Die Zen-Meister wußten aber auch von der Gefahr der nicht-erkennenden Meditation. Die Gefahr des Mitteilens liegt in der möglichen Verselbständigung der Mitteilung, so daß sie die Erfahrung ersetzt, anstatt zu ihr hinzuführen. Auf einer niedrigeren Ebene würde das der Einstellung gleichen, daß jemand sich mit der Beschreibung der Buchstaben begnügen würde, ohne zu versuchen, sie zusammenzulesen; oder mit dem Anschauen der Landkarte, ohne die geographischen Orte zu erleben. Die Buchstaben sind die Direktiven, sie zu verwirklichen; so sind die Mitteilungen über die geistige Forschung auch: Man kann sie nicht als Informationen behandeln. Wir sind allzu

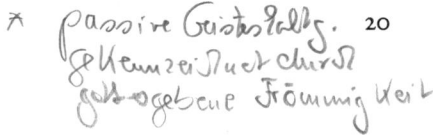

20

gewohnt, Texte als Informationen zu nehmen, und das ist viel bequemer, als sie zurückzuverwandeln in die Erfahrung, aus der sie stammen.

Durch die Mitteilungen der geisteswissenschaftlichen Forschung ist heute ein Wissen ohne Können entstanden; durch die für den westlichen Menschen (damit sind alle gemeint, die in der westlichen Zivilisation aufwachsen) nicht aktuelle meditative Praxis sind heute Meditationsarten verbreitet, die nicht zu Erkenntnissen führen: Wir haben gerade das, was jede fortschrittliche Tradition vermeiden wollte, *Prajna* (d.h. Weisheit) ohne *Dhyana* (Meditieren) und *Dhyana* ohne *Prajna*.

Im Zeitalter der Verstandesseele war es durch die Seelenstruktur unmöglich, über etwas zu sprechen, ohne es gänzlich denken zu können; das ist aber für die Bewußtseinsseele durchaus möglich, weil in ihr sich das Denken von der Sprache emanzipiert hat.[5] Dazu trägt bei, daß die Sprache der Mitteilungen die Alltagssprache ist; die Mathematik hat eine eigene Sprache, daher kann sie nicht mißverstanden oder mißdeutet werden.

In einer wissenschaftlichen Darstellung kann das Sich-Berufen auf eine Textstelle, auf eine Autorität kein Argument sein. Jede Behauptung ist zu verifizieren oder einzusehen: Das macht das Mitgeteilte zur Wissenschaft. Wo man sich auf eine Lehre, auf Dogmen, auf Tradition beruft – falls es nicht darum geht, auf einen Gedankengang der Kürze halber hinzuweisen –, geht es um ein für einen selbst Nicht-Reproduzierbares; denn man brauchte sich ja nicht berufen, wenn man den Inhalt selber reproduzieren könnte. Anders gesagt: Es geht nicht um ein Erkennen, sondern um ein einst, irgendwann durch irgendjemand Erkanntes, das wir nicht verstehen oder worin wir nicht sicher sind; sonst wäre es aktuelle Erkenntnis – die unsrige. Man beruft sich auf etwas, was man selbst nicht erkennen kann.

So ist aber jedes Sich-Berufen ein Schein. Denn letztlich muß man selbst entscheiden, worauf oder auf wen man sich beruft. Das zu entscheiden ist ein sehr anspruchsvoller Akt, dem derjenige, der sich berufen will, kaum entsprechen kann. Die Entscheidung, worauf man sich beruft, kann nicht aus Erkenntnis geschehen, denn diese müßte die

Quelle dessen beurteilen können, worauf man sich beruft. Diese Aufgabe ist notgedrungen größer als die Erkenntnisaufgabe, anstelle derer man sich auf etwas berufen will.

Da ist wieder der naive Realismus wirksam, denn der Sich-Berufende bemerkt nicht, daß er es ist, der wählt: für wertvoll, für Wahrheit hält, worauf er sich beruft. Er steht nicht auf dem Boden des Erkennens. Wenn man auf Erkenntnis gründet, hat man die Sicherheit des Wahrheitfindens, wenn auch vielleicht nicht gleich. Sonst gerät man sehr bald in den Traditionalismus, Fanatismus, Dogmatismus, in die Autoritätsabhängigkeit – sie alle sind Formen des naiven Realismus.

5.

Die Knechtschaft

Der naive Intellektualismus, wenn er sich an den Mitteilungen des Geistesforschers betätigt, wird meistens von einem unbewußten Fühlen geleitet, das ihm die Wahrheit der Inhalte verbürgt. Er vergreift sich jedoch leicht an den Inhalten, die zu verstehen er nicht ausreicht; und dadurch wird auch das Fühlen verdorben, das ihn zunächst geführt hat. Dieses Fühlen kann nicht durch adäquates Begreifen in die Inhalte strömen; die werden deswegen bald kalt, abstrakt, tot, wie es dem Intellekt entspricht. Das erkennende Fühlen wird, weil es fehlt, oft durch Sentimentalität, den Gegensatz des Fühlens, ersetzt, durch eine sentimentale Schwärmerei (vgl. Anhang VII, S. 48). Diese sucht den «Geist» stets in solchen Gebieten, wo Nicht-Verstehen waltet, wo die Wissenschaft noch etwas zu klären hat.

Durch das inadäquate gedankliche Erkennen wird das erkennende Fühlen verhindert, sich zu entfalten, zurückgewiesen verfällt es in die egoistische Gebärde des Hochmuts, über die vermeintlichen esoterischen Inhalte zu «wissen», die nämlich für die sentimentale Schwärmerei als solche erscheinen. In Wahrheit gibt es keine esoterischen *Inhalte* (= Informationen), es kann nur esoterische *Fähigkeiten* geben. Das Einverleiben solcher Inhalte, ohne sie auf entsprechende Weise durchsichtig zu machen, führt zu weiteren Bewußtseinsschädigungen.

Eine der wichtigsten ist das Geknechtetwerden durch «Ideen», die man als Wahrheiten akzeptiert, ohne sie zu erleben, d.h. ohne sie zu verstehen, zu verwirklichen. Und Ideen höherer Art können allein durch ein in seinen Fähigkeiten erhöhtes Bewußtsein erlebt werden. «Man muß sich der Idee *erlebend* gegenüberstellen können; sonst gerät man unter ihre

Knechtschaft.»[6] «Jede Idee, die dir nicht zum Ideal wird, ertötet in deiner Seele eine Kraft; jede Idee, die aber zum Ideal wird, erschafft in dir Lebenskräfte.»[7] Im Hinblick auf eine Erkenntnisidee kann das «Ideal» nur darin bestehen, daß man die Idee selbst hervorbringt bzw. sie verstehend reproduziert.

Man möchte durch das Studium geisteswissenschaftlicher Mitteilungen den eigenen beschränkten Verstand überwinden, über ihn hinaus zu neuen, besseren, höheren Erkenntnisfähigkeiten gelangen. Wie kann das vor sich gehen, wenn man dabei andauernd *nur* denselben Verstand betätigt?

Im Studium sollte sich ein Punkt bieten, wo die Bewußtseinsschulung ansetzen kann. Das Studium ist nicht als eine Gedächtnisbetätigung aufzufassen; zu «wissen», was in einer geisteswissenschaftlichen Mitteilung steht, ist eitle Illusion, denn es sind keine Informationen. Wenn hochrangige Mitteilungen «referiert» werden, d.h. durch den Verstand aufgefaßt und wiedergegeben, dann ist das ihre Herunterzerrung auf eine Ebene, wo sie «entstellte Wahrheiten» sind; kein guter Dienst für die Sache, für den Referierenden und die Zuhörer. Es fällt (hoffentlich) niemandem ein, den Prolog des Johannes-Evangeliums zu «referieren». Man sündigt ehrfurchtlos gegen die Heiligkeit des Textes, indem man sie durch den Alltagsverstand behandelt.

Ein anderes Beispiel dieses Verhaltens ist der Versuch, Symbole zu erklären. Wären sie erklärbar, so wären sie keine Symbole, bzw. sie wären überflüssig. Dasselbe bezieht sich auf die «Deutung» von Märchen und Mythen. So wie ein Gedicht mit anderen Worten oder Musik durch Worte nicht wiedergegeben werden kann, so auch Märchen, Mythen und Mitteilungen aus geistiger Forschung nicht.

Steiner bezeichnet die erste Stufe des modernen Erkenntnisweges als «Studium». Daß darunter keine Ansammlung von Wissen zu verstehen ist, geht aus dem Vorangehenden hervor. Wie das Studium in seinem Sinne zu gestalten wäre, wird versucht, im Kapitel 7 darzustellen.

Die Geisteswissenschaft kann nicht ohne eine Veränderung des Alltagsmenschen in Wahrheit aufgenommen werden; sie ist als Wissen-

24

Entwicklung

schaft anders gar nicht möglich: eine Wissenschaft, die höhere Erkenntnisfähigkeiten beansprucht und anwendet. Aber es ist ihr Ziel, den
Menschen zu verändern, und dazu gibt sie Methoden an.

Wird mit der Geisteswissenschaft anders umgegangen, so bedeutet
das, daß man in der Praxis leugnet, was man theoretisch anerkennt;
nämlich, daß es andere, höhere Bewußtseinsebenen als die alltägliche
gibt (vgl. Anhang VIII, S. 50).

6.

Die Versuchung

Durch die Begegnung mit der Geisteswissenschaft wird der Mensch zwei Versuchungen ausgesetzt. Beide haben ihren Grund darin, daß man die Lehre nicht als Wissenschaft des Geistes, sondern als etwas entgegennimmt, was im Zwischengebiet zwischen Religion und Wissenschaft liegt: Durch das Wahrheitsgefühl wird es in der Richtung der Religion, durch die «Inhalte» in der Richtung der Wissenschaft oder des Wissens verrückt. Die richtige Haltung wäre: eine adäquate Erkenntnis, die zu einer Erkenntnisreligion führt. Rudolf Steiner bezeichnet diese Haltung so:

«Was des Urmenschen Seelenverfassung in bezug auf sein Verhältnis zur Außenwelt war, das müssen wir wieder heraufholen und in Vollbewußtheit erleben. Dann werden wir eine religiöse Erkenntnis, eine Erkenntnisreligion für den modernen Menschen gewinnen.»[8] Die eine Versuchung kann als eine menschlich-allzumenschliche angesehen werden; die andere und primäre sollte man als eine spezifisch okkulte erkennen. Sie führt dazu, daß die Lehre durch den Menschen auch Widersachermächten zugänglich wird, die sich ihrer bemächtigen und die Lehre in ihr Gegenteil verdrehen. Aus der revolutionären inneren Aktivität zur Freiheit wird ein frömmelndes Sich-an-die-Schrift-Halten, an die Autorität des Geistesforschers – des einzigen –, anstatt seine Lehre zu ergänzen, weiterzuentwickeln durch eigene Forschung. Die Entstellung geschieht schon, wenn die Mitteilungen auf die Alltags- oder naturwissenschaftliche Bewußtseinsebene erniedrigt werden. Dazu bietet die Verselbständigung der Texte, ihr Getrenntwerden von ihrer Erfahrung die Möglichkeit. Dem darin befangenen Menschen entgeht, was er damit tut: Darin zeigt sich der Versuchungscharakter; denn theoretisch könnte ein jeder wissen, daß es um Inhalte geht, die das alltägliche Bewußtsein überragen. Daß man redet über das Nie-Erfahrene, als ob man es verstehen würde und selber hervorbringen könnte, ist auf keinem anderen Gebiete möglich. Die Mächtigkeit und die gefühlte Wahrheit des begegneten Weltbildes verführt zum Bestreben, ihm Verbreitung zu schaffen, ehe man es wirklich durchdrungen hat. Das Reden über nicht adäquat Erfaßtes verhärtet die Einschlüsse, die beim unzulänglichen Entgegennehmen im Bewußtsein entstehen (vgl. Anhang IX, S. 51).

Diese okkulte Versuchung wurde in schweigsameren Zeiten und Gegenden durch die Verweigerung der Mitteilung vermieden, im Zen, in der negativen Theologie. Die Zeit aber, in der wir leben, bringt von Generation zu Generation neue geistige Fähigkeiten, die eine Lehre über das Gebiet, in das sie hineinreichen, erheischen. Ansonsten werden sie leicht verdorben und verderben den Menschen. Die Mitteilung ist deswegen notwendig; die Gefahr des Mißverstehens und des Degenerierens der Lehre muß in Kauf genommen werden. Es ist der Freiheit des Menschen anvertraut, mit der Lehre umzugehen.

Die Klippe des Gebrauches der üblichen Sprache in der Mitteilung geistiger Forschungsergebnisse kann durch die besondere Anwendung der Worte überwunden werden. Sie werden in den meditativen Text so eingesetzt, daß dieser auf vielen Stufen verständlich wird: Nur darf man sich nicht mit dem Verständnis auf der des alltäglichen Bewußtseins begnügen. Die okkulte Versuchung, über Nicht-Erfahrenes zu sprechen, geht kontinuierlich in die menschlich-allzumenschliche über, in den egoistischen Gebrauch der Geisteswissenschaft. Man sucht durch sie, durch ihr Wissen Ansehen, Position, Macht oder Lebensunterhalt. Man vergißt die alte Regel im Hinblick auf die Lebensweise der Rosenkreuzer. Neben der Pflege der geistigen Quellen hatten sie einen Beruf im Leben. Wird man nicht gewahr, daß man die Geisteswissenschaft für egoistische Zwecke mißbraucht, so hat das Folgen: Man verliert die Orientierung in bezug auf das Verhältnis von Alltagsleben und Geisteswissenschaft, verliert das Unterscheidungsvermögen in der Beurteilung, was man versteht und was man nicht versteht, bekommt die Neigung, mit den angelesenen Inhalten zu bluffen, in Diskussionen auf der intellektuellen Ebene sie, zitierend, als Argumente zu verwenden; die Inhalte werden, weil sie auf der Alltagsebene gebraucht werden, mit den Impulsen und Assoziationen aus dem Unterbewußtsein vermischt und auch verwechselt. Die «Arbeit» mit den «Inhalten» artet in Spekulationen, Kombinationen, Rhetorik, nominalistischen Gebrauch aus. Man nimmt die Inhalte in einer «schläfrigen Ekstase»[9] auf und verliert immer mehr das gesunde Wahrheitsgefühl, an dessen Stelle Hochmut, Überheblichkeit, Alles- und Alles-Besserwissen tritt. Zugleich entsteht keine neue geistige Forschung und damit keine neuen Ergebnisse, man «lebt» aus den Mitteilungen des Begründers der Geisteswissenschaft: eine Art von geistigem Parasitismus, die nichts Neues schafft, nichts *zurückgibt* von dem Empfangenen. Wer etwas Neues zu bringen meint, wird schief angesehen: Er wird verdächtigt, die Lehre zu verfälschen. Nach außen wird man unglaubwürdig, denn es dauert nicht lange, bis aufmerksame Zuhörer das Ermangeln von eigenen Erfahrungen bemerken. Allerdings passiert es oft, daß Persönlichkeiten, die durch Anlage oder durch Erlebnisse (z.B. mit Drogen) zu einer Lockerung aus dem Organismus neigen, die «Inhalte» der Geisteswissenschaft durch ein nicht-erkennendes, halbfreies Fühlen beleben und durch Resonanz eine Anhängerschaft finden, besonders unter denen, die die Geisteswissenschaft in abstrakter Weise, in inadäquaten Begriffen «gepflegt» haben. Man kann sich und andere unter Umständen eine Zeitlang auf solche Weise täuschen. Es werden unter manchen Geheimnistuereien «esoterische» Gruppen gebildet, meistens mit Inanspruchnahme zeremoniellen, ritualen Tuns. Die unterbewußten Neigungen werden dadurch stark angesprochen.

Das Problem, geistige Forschung zu tun *ohne* geistige Fähigkeiten, beschäftigt viele Anhänger der Geisteswissenschaft, und die «Lösungsversuche» sind zahlreich. Die wirkliche Lösung wäre, eben geistige Fähigkeiten zu erarbeiten. Denn die wirkliche, wirksame Weisheit, die des Anstrebens wert ist, ist mit den gegebenen oder gebliebenen Kräften direkt weder zu erreichen noch direkt mitteilbar. Sonst wären wir alle Weise und Eingeweihte. Denn alles wurde schon im Laufe der Jahrtausende mitgeteilt. Nur war und ist die Menschheit noch schwach, das Mitgeteilte zu verstehen. Wir erleben die Folgen. Das Übertünchen dieser Lage verfinstert die Aussicht noch mehr.

7.

Das richtige Studium

Würde das Studium der Geisteswissenschaft im gewöhnlichen Sinne das Erwerben von Wissen bedeuten, so wäre es – und ist es in vielen Fällen – ein Hindernis bei der Entwicklung höherer Erkenntnisfähigkeiten: Das gewöhnliche Bewußtsein würde sich mit neuen, «okkulten» Inhalten bereichern und noch mehr an sich selber festhalten. Das Studium, das Lesen der geisteswissenschaftlichen Mitteilungen, dient zur Vorbereitung für das Erarbeiten geistiger Fähigkeiten dadurch, daß der Lesende die Unzulänglichkeit seiner alltäglichen (und wissenschaftlichen) Begriffe bemerkt und anstrebt, durch gedankliche Intuition neue, höhere Begriffe zu erfassen. Das erste Ziel ist, gerade das gewöhnliche Begriffssystem, an dem man hängt, durch das man die gewohnte Welt aufrecht hält, mit neuen Ideen aufzulockern und zu ersetzen. Die notwendigen Begriffe werden als lebendige, flüssige, nicht-fertige charakterisiert (vgl. Anhang X, S. 54).

Der aufmerksam Lesende wird bald bemerken, daß die Lektüren ihm ohne Bewußtseinsübungen größtenteils nicht zugänglich sind, weil «der gesunde Menschenverstand» ihm nicht zur Verfügung steht (vgl. Anhang XI, S. 59). Er bemerkt auch, daß die Bildersprache in den Darstellungen der geistigen Erfahrungen nicht zu *Vorstellungen* führen soll, sondern Stoff für die *Meditation* bietet. Die meditative Praxis, das meditative Lesen im Studium wird durch die Bildung höherer Begriffe eingeleitet, und diese führen nach und nach zum Üben und Ausüben des reinen Denkens. *Das* ist das Ziel des Studiums nach Steiner (vgl. Anhang XII, S. 60). «Das Studium ist nicht das Lernen, wie es gewöhnlich geschieht, sondern man muß darauf kommen, daß es für den Menschen ein Denken gibt, welches noch ein flüssiges, wirkliches Denken ist, wobei der Mensch alle sinnlichen Wahrnehmungen um sich herum ausschließt. ... Der Mensch muß lernen, alles zu vergessen, von allem abzusehen, was äußerlich auf die Sinne wirkt, ohne jedoch leeres Gefäß zu bleiben. Das ist möglich, wenn man sich in einen reinen, sinnlichkeitsfreien Gedanken vertieft, wie er in den Mitteilungen des Geistesforschers enthalten ist, und über das, was sich fortspinnt, sinnt. ... Wer höher hinauf will, muß geisteswissenschaftliche Mitteilungen so lesen. Wer nicht höher hinauf will, der kann sie wie ein gewöhnliches Buch lesen.»[10] Im letzten Fall ist das dann kein «Studium» im Sinne des ersten Schrittes auf dem Erkenntnisweg. Die nächste Stufe ist die Erwerbung der Imagination: Das setzt die Übung in der Meditation voraus, schon auf der vorangehenden, ersten Stufe des Weges.

Das höhere Denken wird auch als hellsichtiges Denken bezeichnet (vgl. Anhang XIII, S. 62). Der Weg dazu geht durch das Erleben des Denkens, des Denkprozesses nämlich, der sonst überbewußt verläuft (vgl. Anhang XIV, S. 63). Es ist das imaginative Denken, das wortlos vor sich geht: Es macht die Formulierung in einer Sprache möglich[11] (vgl. Anhang XV und XVI, S. 64ff).

Ist Anthroposophie ein Geistesweg, d.h. begegnen die Menschen einander auf einer erhöhten Ebene, dann wird die Gemeinschaftsbildung, eine der größten Fragen in jeder Gruppierung, keine Schwierigkeit, sondern eine Selbstverständlichkeit werden (vgl. Anhang XVII, S. 67).

Geisteswissenschaft soll Wissenschaft sein, kein Religionssurrogat, keine Schwärmerei, keine Ansammlung von Nichtverstandenem, Nichtverständlichem. Das ist die Forderung der Zeit. «Denn in unserer Zeit kann einer Vorstellungsart nur dann Erkenntniswert zugeschrieben werden, wenn sie ihre Anschauungen vor eben derselben Kritik zur Geltung bringen kann, vor welcher die naturwissenschaftlichen Gesetze ihre Rechtfertigung suchen.»[12] (Vgl. Anhang XVIII und XIX, S. 67ff)

Nachwort:
Über die Vermittlung
der Anthroposophie

Öffentliche Mitteilungen über höhere Erkenntnisgebiete gibt es seit etwa 150 Jahren. Über die Mitteilungsformen wurde in dieser Schrift berichtet (Kap. 1). Für die schnell wechselnden Bewußtseinsanlagen – jeder Pädagoge weiß, wie geschwind sie sich in der Zeit ändern, so daß jeweils in fünf bis zehn Jahren die Didaktik sich zu erneuern hat – sind stets neue Formen der Verständigung zu finden. Konnte Steiner noch für das Vernehmen seiner Bildsprache *(Theosophie, Geheimwissenschaft, Wie erlangt man Erkenntnisse der höheren Welten?)* mit einer theosophisch vorgebildeten Leserschaft rechnen, so hat die Fähigkeit, diese Sprache in ihrer Bildhaftigkeit zu nehmen, rasch abgenommen, und heute ist sie fast verschwunden. Das mag in einer etablierten anthroposophischen Umgebung vielleicht nicht so sehr auffallen; sicherlich trägt es jedoch zu der Langsamkeit der Verbreitung der Geisteswissenschaft bei. Wo Anthroposophie in der Öffentlichkeit in ihren Anfängen vertreten ist, wird sie in ihrer bildlich-darstellenden Form sehr bald abgelehnt, weil sie wegen des Mißverstehens dieser Formen Wissenschaftlichkeitsansprüche nicht befriedigen kann. Das wirkt der großen Anziehungskraft der Wahrheit entgegen, die sich in den geisteswissenschaftlichen Lehren als *Sinngebung* zeigt: Die Kosmologie, die Geschichte, das Leben des Menschen bekommt Sinn, und dies wird von jedem Menschen – besonders von Jugendlichen – mindestens eine Zeitlang brennend gesucht.

Durch die Veränderung der Bewußtseinsanlagen wird die aktuelle Methodik des Mitteilens – eigentlich auf jedem Gebiet – in die Richtung der eigenen Bewußtseinserfahrungen verschoben, der aktuellen Gebärde der Bewußtseinsseele. Man muß im Vermitteln von den möglichen

Erfahrungen der Zuhörerschaft oder Leserschaft ausgehen und auf diese bauen. Im gewöhnlichen Bewußtsein sind Berührungspunkte mit den geistigen, überbewußten Gebieten der Seele zu finden, im Wie des Denkens und des Wahrnehmens, im «Verstehen», im Evidenzerlebnis zum Beispiel. Aus diesen Grenzerfahrungen kann ein sicherer Weg zum Aufbauen der Geisteswissenschaft gefunden werden. Solche Ansätze sind in allen erkenntniswissenschaftlichen Werken von Steiner zu finden, diese zu bieten ist ihr eigentliches Ziel. Aus ihrem Studium ergibt sich auch die Möglichkeit, sich so viel Menschenkunde zu erarbeiten, daß man um das Wie und Warum der Bewußtseinsschulung weiß. Man sollte im Studium diesen Punkt ansteuern, um es in adäquater Weise fortsetzen zu können.

Das Mitteilen ist keine sehr schwierige Aufgabe, wenn es um Informationen geht. Problematisch und sehr fraglich wird es, wenn man ein Wie – kein Was – mitteilen will; und in der Geisteswissenschaft geht es stets um ein Wie, da die geistige Welt auch schon in ihren untersten Schichten eine des Werdens und nicht des statischen Seins ist. Ist diesbezüglich die Methode wichtig, so ist der Mitteilende noch ungleich wichtiger. Denn auf diesem Gebiet kann man auf legitime Weise nur mitteilen, was man selbst erfahren hat oder erfahren könnte; Glaubwürdig wird nur das klingen – alles andere wird vielleicht eine Zeitlang faszinieren, aber bald wird die Frage der Authentizität auftauchen. Wie über Mathematik nur ein Mathematiker authentisch sprechen kann, so über Geisteswissenschaft nur jemand, der auf ihrem Gebiet Erfahrungen hat und genau in dem Maße, wie er Erfahrungen hat. Man kann Rudolf Steiner nicht vertreten ohne seine Erfahrungsmöglichkeiten; man kann nur sich selbst vertreten mit und gemäß den eigenen Erfahrungen. Alles andere ist Versuchung oder Anheimfallen der Versuchung. Der eigene naive Realismus – die Ansicht, daß das Gelesene ein Fertig-Gegebenes sei – trägt zu der Versuchung und der Verbreitung des Mißverstehens – und meistens der Ablehnung - der Anthroposophie bei. Daher ist zu empfehlen, das eigene Studium und das Mitteilen mit einem erkenntniswissenschaftlichen Einführen zu beginnen, das keineswegs philosophisch gehalten sein

muß: Auch da gilt, auf die allgemein zugänglichen Erfahrungen zu bauen. Es kann allgemeine Erfahrung werden, was philosophisch durch einen langen Weg erreicht wird: «Wirklichkeit ist etwas, was durch das Erkennen wird.» [13]

Und weil die Wirklichkeit durch das Erkennen entsteht, jeweils und für jeden Menschen neu, ist das Erkennen im Zeitalter der menschheitlichen Mündigkeit und Selbstverantwortlichkeit, d.h. der Bewußtseinsseele, *zu pflegen.* Diese Pflege – das Ausüben der uns potentiell gegebenen Fähigkeiten – hat mehrere Bedeutungen: eine seelenhygienische oder therapeutische: daß wir an unseren nichtverwendeten Fähigkeiten und Kräften nicht erkranken oder von unseren Erkrankungen gesunden; eine sinngebende: daß wir der uns gegebenen Welt, der Natur einen Sinn geben, wie wir es mit einem Texte, den wir lesen können, tun. Dadurch kann die Natur erlöst werden und die Welt aus den verinnerlichten Weisheitskräften neu entstehen, aus der Liebe des Menschen zu dem, was noch nicht ist, was durch ihn erschaffen werden kann. Eine zukunftschaffende Bedeutung ist die, daß wir mehr Intuitionen, mehr neue Ideen erhalten, ohne welche das menschliche Leben dahinsiecht.

Man kann die Frage stellen: Wie liest man, wie geht man um mit einer bildhaften Darstellung von übersinnlichen Erfahrungen? Kann ein Beispiel gegeben werden?

Wenn die «richtige» Weise des Umganges beschreibbar wäre, so wäre die Bildlichkeit überflüssig oder hätte nur eine spielerische Bedeutung. Trotzdem soll hier auf einen Hinweis von Steiner selbst aufmerksam gemacht werden.[14] Steiner deutet nämlich an, warum im Alten Testament die Elohim beim «Verbot» über *Bäume* sprechen, den Baum des Erkennens und den des Lebens.

Das «Paradies», aus dem der Mensch herausgetrieben worden ist, bestand aus einem Leben in der Sphäre der Pflanzen, der Bäume; der Mensch lebte noch nicht auf der «Erde», im Mineralischen, sondern in der Lebenssphäre unseres Planeten. Der «Sündenfall» ist, als äußeres Geschehen, als ein Herunterkommen in die Sphäre des Mineralischen aufzufassen (darüber spricht der Text in Gen. 3. sehr klar), was mit dem

34

ersten «Essen» begonnen hat. Vorher hat der Mensch seine Nahrung durch Wahrnehmen, Atmen und Nahrungsaufnahme als einheitlichen Prozeß bezogen.

Der *Mensch* stieg von den «Bäumen» herunter, nicht der Affe, wie das in der Evolutionstheorie heißt.

Anhang

I. Wie man bildliche Darstellungen auffassen sollte (Kap. 1, S. 14)

GA 17, Die Schwelle der geistigen Welt, Nachwort:
«Man kann, was man im Übersinnlichen schaut, wohl beschreiben durch Vorstellungen, die aus der sinnlichen Welt genommen sind. Man kann zum Beispiel sprechen davon, daß ein Wesen wie durch eine Farbenerscheinung sich offenbare. Allein, wer solche Beschreibungen des übersinnlich Wesenhaften entgegennimmt, sollte nie außer acht lassen, daß der wirkliche Geistesforscher mit der Angabe einer solchen Farbe meint: er erlebe etwas, was von ihm seelisch so erfahren wird, *wie* die Wahrnehmung der betreffenden Farbe durch das sinnliche Bewußtsein. Wer mit seiner Schilderung zum Ausdruck bringen will: er habe vor dem Bewußtsein etwas, das *gleich* ist der sinnlichen Farbe, der ist nicht ein Geistesforscher, sondern ein Visionär oder ein Halluzinierender ...

Es gibt Menschen, die gerade dadurch enttäuscht sind, daß der Geistesforscher ihnen sagen muß, wenn er sich durch Vorstellungen ausspricht, die vom sinnlichen Erleben hergenommen sind, so meine er nur Veranschaulichungen des von ihm Geschauten. Denn solche Menschen streben eigentlich nicht danach, eine von der sinnlichen unterschiedene übersinnliche Welt kennenzulernen, sondern sie wollen eine Art Doppelgänger der sinnlichen *als* übersinnliche Welt anerkennen. Diese übersinnliche soll feiner, ‹ätherischer› sein als die sinnliche; aber im übrigen soll sie nur ja nicht die Anforderung erheben, auch durch andere Vorstellungen ergriffen werden zu müssen als die sinnliche. Wer aber wirklich der geistigen Welt sich nähern will, der muß sich auch dazu bequemen, neue Vorstellungen zu erwerben. Wer nur ein verdünntes, dunstartiges Abbild der sinnlichen Welt vorstellen will, der kann die übersinnliche nicht erfassen.» (S. auch GA 9, Theosophie, Kap. Die drei Welten, VI.)

II. Über kombinierende Verstandestätigkeit in bezug auf das Übersinnliche (Kap. 1, S. 14)

GA 324, Naturbeobachtung, Mathematik, wissenschaftliches Experiment und Erkenntnisergebnisse vom Gesichtspunkte der Anthroposophie, 19.3.1921:
«Auf solche bloßen Analogieschlüsse gibt aber die Geisteswissenschaft, die hier gemeint ist, gar nichts, sondern eben nur auf das unmittelbare Anschauen. Daher muß immer betont werden, daß vorangehen müsse dem Sprechen über so etwas wie zum Beispiel die Erde als Organismus das Sprechen über das imaginative Vorstellen, denn nur im imaginativen Vorstellen, nicht dem kombinierenden Verstande mit seinen Analogien kann gegeben sein die Erde als ein Gesamtwesen.»

GA 145, Welche Bedeutung hat die okkulte Entwickelung des Menschen für seine Hüllen und sein Selbst? 24.3.1913:
«Man findet immer mehr und mehr, daß für die eigentlichen Angelegenheiten des höheren, des spirituellen Lebens gerade diese Klugheit, diese Gescheitheit nicht von dem allergeringsten Wert ist, obwohl man sie so viel als möglich mitbringen muß von seinem Ausgangspunkt von dem physischen Plan aus, wenn man den Weg in die höheren Welten antreten will.»

III. Über das Erinnern der Inhalte und über den «Status der Seele» (Kap. 1, S. 15)

GA 221, Erdenwissen und Himmelserkenntnis, 18.2.1923:

«Es ist ganz gleichwertig, ob Sie mit irgendeinem materialistischen Naturforscher sagen: Beuteltiere, Menschenaffen, Affenmenschen, Menschen, oder ob Sie sagen: Der Mensch besteht aus physischem Leib, Ätherleib, astralischem Leib und Ich. Es ist nur ein anderer Gedanke, aber der Status der Seele ist kein anderer. Der Status der Seele wird erst ein anderer, wenn innerlich lebendig dieses geistige Erfassen des Menschen in der Natur wird. Aber es geht nicht, wenn nicht dasselbe Gefühl, dieselbe Empfindung, derselbe Seelenstatus, die in der Liebe leben, mit der Erkenntnis mitgehen.»

GA 186, Die soziale Grundforderung unserer Zeit. In geänderter Zeitlage, 12.12.1918:

«Sie werden ja auch wirklich bemerken: mit dem Behalten, mit dem bequemen Behalten läßt sich in der wahren Geisteswissenschaft nichts machen. Man vergißt die Dinge, muß sie immer wieder pflegen; das ist aber gerade gut; das ist gerade das Richtige, daß man sich immer von neuem anstrengen muß. Derjenige nämlich, der recht fortgeschritten ist gerade in bezug auf das geisteswissenschaftliche Gebiet, der versucht jeden Tag, die allerelementarsten Dinge sich vor Augen zu führen; die andern schämen sich, dies zu tun. In der Geisteswissenschaft soll nichts davon abhängen, daß man sich die Sache gedächtnismäßig merkt, weil ja alles darauf ankommt, daß man es im unmittelbaren Erleben der Gegenwart anfaßt.»

Ebenda am 29.11.1918:

«Diese methodischen Dinge sind das Allerwichtigste auf dem Gebiete der geisteswissenschaftlichen Erkenntnis, die unserer Zeit so nottut. Was diese Geisteswissenschaft aus unserer Seele macht, das ist viel notwendiger als das abstrakte Sichbekanntmachen mit der einen oder mit der anderen Wahrheit.»

IV. Über den gesunden Menschenverstand (Kap. 2, S. 16)

GA 220, Lebendiges Naturerkennen, intellektueller Sündenfall und spirituelle Sündenerhebung, 26.1.1923:

«Das allgemeine heutige Bewußtsein ist nämlich gewissermaßen schon durch das Bewußtsein vom Sündenfall diesem selbst verfallen. Der Intellektualismus hat heute bereits den Charakter des Verfalls, und zwar eines so starken Verfalls, daß, wenn die intellektualistische Kultur so verbleibt, wie sie gegenwärtig gestaltet ist, von der Erreichung des Erdenzieles für die Menschheit gar nicht gesprochen werden kann. Notwendig ist heute zu wissen, daß in den Tiefen der Menschenseelen noch Kräfte walten, die gewissermaßen besser sind als die Bewußtseinskultur, welche bis heute Platz gegriffen hat.»

«Und ein wesentlicher Charakter des mittelalterlichen Denkens ist in das heutige Denken dadurch hereingekommen, daß man das Denken selbst eigentlich nur danach betrachtet, wie es sich auf die äußere Natur anwendet, daß man den Gedankenvorgang eigentlich gar nicht betrachtet, daß man sich gar keiner Anschauung hingibt, die auf die Betrachtung des Denkens selber geht. Vom Denken selber, in seiner inneren Lebendigkeit, nimmt man ja keine Notiz.»

Es mangelt die Gebärde der Bewußtseinsseele, durch die gerade die Bewußtseins*prozesse*, nicht nur ihre Erlebnisse, ins Auge gefaßt werden.

«Aber es ist unmöglich, daß diejenige Entwickelungsströmung, die dann bei Darwin gelandet hat und die heute noch immer geltend ist in der offiziellen Wissenschaft, zur Wahrheit vordringt. Denn der mißverstandene Sündenfall hat das Denken ruiniert, das Denken in Verfall gebracht. Die Sache ist eben ernster, als man heute geneigt ist zuzugeben.»

GA 154, Wie erwirbt man sich Verständnis für die geistige Welt? 12.5.1914:

«Denn versuchen wir uns einmal zum Verständnis zu bringen, wie das Verhältnis eines heutigen, von der Geisteswissenschaft nicht weiter berührten Weltbürgers, wie er eben aus den Anschauungen der Gegenwart herausgeboren wird, zur Geisteswissenschaft ist. Er hört dieses und jenes, er hört, daß da über die geistigen Welten dieses oder jenes behauptet wird. Was muß er notwendigerweise tun? Nun, der Mensch kann ja nicht anders, als daß er das, was ihm gegenüber gesagt wird, mit seinen Vorstellungen zu begreifen sucht... Nun aber hat der heutige gewöhnliche Weltbürger keine Vorstellungen, die ihm begreiflich machen können, was über die geistige Welt in der wirklichen Geisteswissenschaft gesprochen wird. Ihm fehlen zunächst die Vorstellungen, Begriffe und Ideen dazu. Er sucht das, was ihm gesagt wird, mit Ideen zu durchdringen, die er hat, die aber von ganz anderen Seiten hergenommen sind. Wie soll er also die Sache nicht mißverstehen? Wie soll man überhaupt voraussetzen, daß er irgendwelches Verständnis der Sache entgegenbringen wird?»

GA 196, Geistige und soziale Wandlungen in der Menschheitsentwickelung, 18.1.1920:

«Aber, womit es am schlechtesten bestellt ist in der Gegenwart, das ist nicht etwa die übersinnliche Erfahrung; womit es am schlechtesten in der Gegenwart bestellt ist, das ist die gesunde Logik, das ist wirklich gesundes Denken, das ist vor allen Dingen auch die Kraft der Wahrhaftigkeit. In dem Augenblick, wo Unwahrhaftigkeit sich geltend macht, schmelzen die übersinnlichen Erfahrungen ab, da kommen die Menschen nicht zu einem Verständnis der übersinnlichen Erfahrungen.»

«Denn durch dasjenige, was die Menschen für das materialistische Zeitalter heute tauglich macht, verfinstern sie sich den Raum, in dem ihnen entgegentreten die übersinnlichen Welten. Die Menschen werden heute gewöhnt, so zu denken, wie nur in Gemäßheit der Funktionen des Leibes gedacht werden kann. Das wird den Menschen von Jugend auf eingewöhnt. Aber der gesunde Menschenverstand ist nicht das, was sich auf der Grundlage des Leibes entwickelt.»

GA 137, Der Mensch im Lichte von Okkultismus, Theosophie und Philosophie, 5.6.1912:

«Ein rastloses, ordentliches Denken muß verlangt werden, damit man einsehen kann, daß es keine Wahrheit gibt, die im Widerspruch steht mit dem, was Theosophie ist. Aber ein solches Denken ist, ich möchte nicht nur sagen, außerordentlich wenig vorhanden, sondern es ist sogar außerordentlich schwer zu erreichen.»

GA 152, Vorstufen zum Mysterium von Golgatha, 1.5.1913:
« ... aber wenn sie [die Wahrheiten der Geisteswissenschaft] einmal entdeckt und in der gewöhnlichen normalen Sprache der menschlichen Vernunft ausgedrückt worden sind, so können sie von jeder menschlichen Seele verstanden werden, welche die Hindernisse für ein solches Verständnis aus ihrem Innern wegräumen will.»
«... wenn diese Seele nur den ganzen moralischen Mut, den sie besitzt, in sich frei machen will, so daß sie die Hindernisse, die von Ahriman herrühren, beseitigen kann.»

GA 206, Menschenwerden, Weltenseele und Weltengeist, 2. Teil, 14.8.1921:
«Wenn nur wirklich die Erfahrungen aus den entsprechenden Welten in solche erfaßbare Ideen gebracht sind, dann kann man sich schon auf sie einlassen. Aber man muß sich zu dem aufschwingen, zu dem man ja keine okkulte Schulung braucht: zu dem Erfassen von Ideen.
Das können natürlich gerade die meisten Menschen heute nicht, und am wenigsten die Wissenschafter des heutigen Tages. Die sind gewöhnt, Ideen nur zu haben, wenn diese Ideen entlehnt sind der äußeren Sinneswelt. Und sie lassen sich höchstens in der Mathematik darauf ein, sonst lassen sie sich aber gar nicht ein auf das Erfassen von Ideen, die dann aus sich selbst heraus verfolgt werden. Alles, was der Geisteswissenschafter bringt, kann man verfolgen, wenn man den Willen entwickelt, sich auf solche Ideen einzulassen, und man kann eigentlich ideell alles nachprüfen. Aber man muß wollen. Dazu gehört eben ... eine Überwindung dessen, was man gerade heute aufnimmt als anerkannt wissenschaftliche Denkmethoden, die durchaus nicht zusammenfallen mit dem gesunden Menschenverstand...»
Die Erkrankung des Bewußtseins in den Jahrzehnten nach dem Tod

von Steiner ist so fortgeschritten, daß man heute kaum ohne Bewußtseinsübungen zunächst hygienischer Art den «gesunden Menschenverstand» herstellen kann.

GA 159, Das Geheimnis des Todes, 19.6.1915:
«Wir müssen uns klar sein, daß es nicht schon genügt, wenn wir uns vornehmen oder einreden, wir seien ganz hinaus über die Vorurteile, welche das materialistische Zeitalter gibt ... in unseren Denkgewohnheiten haften sie ja so gründlich, diese materialistischen Vorurteile, und haftet besonders gründlich dasjenige, was nun nicht direkt materialistisches Vorurteil ist, was mit dem materialistischen Vorurteil aber zusammenhängt. Es hängt mit dem materialistischen Vorurteil, mit der ganzen materialistischen Weltanschauung zusammen, daß der Mensch in einer gewissen Weise kein umfassendes Denkvermögen entwickeln kann. So sehr unsere Zeit auch auf den Verstand und die Logik aus ist, so wenig ist eigentlich in unserer Zeit ein scharfer Verstand, eine scharfe Logik gerade das Eigentum derjenigen, die vielleicht an der Spitze der wissenschaftlichen oder sonst kulturellen Bestrebungen unserer Zeit gehen wollen. Die ganze Klarheit des Denkens strebt man in unserer Zeit gar nicht an.»

GA 176, Menschliche und menschheitliche Entwicklungswahrheiten. Das Karma des Materialismus, 26.6.1917:
«Aber dieser gesunde Menschenverstand, der muß heute erst unter Mühe erworben werden, der ist heute nämlich nicht da ... der muß erst wiederum erworben werden dadurch, daß man dasjenige, was frühere Zeiten atavistisch noch hatten, den Zusammenhang mit der geistigen Welt, was heute nicht atavistisch da ist, nun erst auf den Wegen, welche die Anthroposophie angibt, gewinnt.»
Da wird offensichtlich auf Übungswege hingedeutet. Was für Ansprüche in bezug auf den gesunden Menschenverstand von Steiner gestellt werden, geht aus dem nächsten Text hervor.

GA 191, Soziales Verständnis aus geisteswissenschaftlicher Erkenntnis, 18.10.1919:

«Solange Sie den Glauben hegen, daß dasjenige, was da draußen ist [d.h. was man sieht], ein Äußeres ist, und was da drinnen ist [d.h. im Gehirnschädel], ein Inneres ist, so lange können Sie gar nicht zu dem kommen, was ich immer nenne: durch den gesunden Menschenverstand die geisteswissenschaftlichen Tatsachen einsehen; denn die geisteswissenschaftlichen Tatsachen kann man nur einsehen, wenn man zugrunde legt ein unbefangenes Anschauen.»

GA 193, Der innere Aspekt des sozialen Rätsels, 12.6.1919:

«Aber, was heißt es, sie [die Leute] verstehen es [die geisteswissenschaftlichen Mitteilungen] nicht? Es heißt nichts anderes als: Ich will mich nur des physischen Gehirns zum Verstehen bedienen, ich will nicht lernen ein anderes Denken als das, welches sich faul an das physische Gehirn anlehnen kann. Mit dem ist natürlich anthroposophische Weltanschauung nicht zu verstehen. Nicht als ob man hellsichtig sein müßte, um sie zu verstehen, aber man muß sich üben in einem solchen Denken, das nicht an das physische Gehirn gebunden ist. Und was in der anthroposophischen Literatur vorhanden ist, was mit dem gesunden Menschenverstand – und der ist nicht an das Gehirn gebunden, nur der kranke materialistische Verstand ist an das Gehirn gebunden –, was mit dem gesunden Menschenverstand erlernt werden kann, das trainiert allmählich ein solches Denken, ein solches Empfinden, ein solches Wollen, daß dieses Denken und Empfinden und Wollen den entsprechenden Ereignissen der Gegenwart gewachsen ist.»

GA 215, Die Philosophie, Kosmologie und Religion in der Anthroposophie, 7.9.1922:

«Das abstrakte Denken, das man heute allein kennt, ist mit dem Werkzeug des physischen Leibes erarbeitet. Es wird erlebt mit dem Werkzeuge des phyischen Leibes, und das ist das Charakteristikon dessen, was die Menschheit in ihrer neueren Zeit, wo sie zu ihrem Vollbewußtsein aufgestiegen ist, sich errungen hat. Ein mit dem physischen Leibe errungenes Denken ist eigentlich gegenüber der geistigen Welt ein deplaziertes Denken... Dadurch lebt das Denken in einem Element, das nicht sein ureigenes Element ist.»

GA 152, Vorstufen zum Mysterium von Golgatha, 18.5.1913:
«Denken ist in jeder Seele, aber es kann in zweierlei Weise benutzt werden. Der Mensch kann es in sich selber erschaffen, kann in sich selber Gedanken prägen. Dann ist dieses Denken in seiner Aktivität, so daß es voll entgegenkommt allem, selbst den scheinbar gewagtesten Behauptungen der Geistesforschung. Wenn aber dieses Denken sich nicht erkraften will, dann muß es sich anlehnen an das Instrument des Denkens, das Gehirn, dann bringt es überhaupt nur Gedanken hervor, die mit dem Instrument des Gehirns erfaßt werden, dann denkt der Mensch nicht aktiv, dann denkt er passiv.»

GA 199, Geisteswissenschaft als Erkenntnis der Grundimpulse sozialer Gestaltung, 7.8.1920:
«Diejenigen Menschen, die heute durchaus sich nur an die Sinneswelt halten wollen, finden diese anthroposophischen Gedanken verrückt, irreal, phantastisch, weil sie im Momente, wo sie diese Gedanken denken sollen, eine starke Kraft anwenden müssen; sie müssen loskommen. Sie wollen diese Gedanken mit ihrem Gehirn denken. Damit kann man aber nur die äußeren physischen Gedanken denken, das äußere Physische. Mit diesen Gedanken kann man ganz gut Atome und Moleküle denken ...; aber was in einem solchen Buche wie *Die Geheimwissenschaft im Umriß* steht, das denkt sich nicht durch dieses Gehirn.»

GA 197, Gegensätze in der Menschheitsentwickelung, 21.9.1920:
«Man sagt: Diese Gedanken kann man nicht fassen, die kann man nicht begreifen. – Ja, die wollen mit dem Gehirn denken; aber diese Gedanken der Geisteswissenschaft sind mit dem Geistig-Seelischen gedacht, das sich erst losgerissen hat vom Gehirn. Daher müssen die Menschen streben, daß sie durch die Gedanken, die so entstanden sind, selber wieder losreißen ihr Geistig-Seelisches vom Gehirn, indem sie

diese Gedanken nachdenken. Die Menschen müssen sich bemühen, die Gedanken nachzudenken, die heute noch bestehende Möglichkeit zu benützen, das Geistig-Seelische loszureißen von dem Materiellen des Gehirns. Denn es ist auf dem Wege, sich an das Materielle des Gehirns zu ketten... Indem die Gedanken der anthroposophisch orientierten Geisteswissenschaft der Welt übergeben werden, rechnet man darauf, daß die Menschen, die noch fähig sind, die alten Möglichkeiten des Losreißens in sich zu handhaben, sie wirklich handhaben und die leibfreien Gedanken zu verstehen suchen, damit ihre Seelen leibfrei werden.»

V. Über das reine Denken (Kap. 2, S. 16)

GA 35, Philosophie und Anthroposophie (Aufsatz mit demselben Titel):
«Man stelle sich vor, daß man sich den Begriff des Kreises bilden will. Das kann man, wenn man zum Beispiel hinausfährt aufs Meer, bis man rings um sich herum nur Wasser sieht; dann hat man sich durch die Wahrnehmung die Vorstellung eines Kreises gebildet. Es gibt aber eine andere Art, zum Begriff des Kreises zu kommen, indem man nämlich, ohne an die Sinne zu appellieren, sich folgendes sagt: Ich konstruiere mir im Geiste die Summe aller Orte, welche von einem Punkt gleich weit entfernt sind. Um diese ganz im Innern des Gedankenlebens verlaufende Konstruktion zu bilden, braucht man nicht an Äußerliches zu appellieren; das ist durchaus reines Denken im Sinne des Aristoteles, reine Aktualität.»

GA 215, Die Philosophie, Kosmologie und Religion in der Anthroposophie, 7.9.1922:
«Nimmt aber der Mensch, indem er zwischen Geburt und Tod das Scheinleben des abstrakten Denkens erlebt – des reinen Denkens, das nichts ist als Denken, aber das durch den physischen Organismus ausgeführt wird –, nimmt er in dieses Denken die moralischen Impulse

herein, so leben diese im reinen Denken, das nur ein Scheinleben hat und zu nichts zwingen kann...»

VI. Über die Entstehung und den Umgang mit Mantren (Kap. 3, S. 19)

GA 322, Grenzen der Naturerkenntnis, 2.10.1920, abends:
«Die mantrische Kunst, das Leben in Sprüchen, es besteht darin, daß man nicht durch die Sprüche hindurch das Inhaltliche der Worte versteht, sondern daß man die Sprüche selbst wie ein Musikalisches erlebt, daß man die Sprüche selbst mit der eigenen Seelenkraft verbindet, daß man darinnen bleibt in den Sprüchen, daß man durch fortwährendes Wiederholen seine Seelenkraft, die in den Sprüchen lebt, verstärkt, daß man durch immer und immer fortwährendes Sich-Vorsagen dieser Sprüche seine Seelenkraft verstärkt. Diese Kunst, sie wurde nach und nach in hohem Maße ausgebildet, und sie verwandelte jene Kraft, die wir sonst in der Seele tragen, um durch das Wort den anderen Menschen zu verstehen, sie verwandelte diese Kraft in eine andere. Es ging in der Seele eine Kraft auf an dem Hersagen und Wiederholen des mantrischen Spruches ..., die nun nicht hinüberführte zu anderen Menschen, sondern die hineinführte in die geistige Welt. Und hat man die Seele so erzogen an den Mantren, hat man es so weit gebracht, daß man innerlich verspürt das Weben und Strömen dieser Seelenkraft, die sonst unbewußt bleibt, weil alle Aufmerksamkeit auf das Verstehen des andern durch das Wort gerichtet ist, hat man es dazu gebracht, daß man solche Kraft so fühlt als eine seelische Kraft, wie man sonst fühlt die Muskelspannung, wenn man mit dem Arm etwas ausführen will, dann hat man sich reif gemacht, zu erfassen dasjenige, was in der Kraft, in der höheren Kraft des Gedankens liegt.»

GA 218, Geistige Zusammenhänge in der Gestaltung des menschlichen Organismus, 18.11.1922:
Dieser Weg führt zu einer Art Inspiration. Das ist nicht mehr der Weg

in der abendländischen Kultur: «Es ist nicht mehr das Erleben desjenigen, was im mantrischen Spruch musikalisch vorhanden ist, nach dem wir als Abendländler streben, daß wir nun nicht besonders stark verfolgen denjenigen Weg, der folgt dem Hinaustreten des Geistig-Seelischen aus dem Leibe, sondern daß wir vielmehr folgen dem Späteren, das eintritt, wenn sich wiederum bewußt verbinden soll im Ergreifen des physischen Leibes das Geistig-Seelische mit der physischen Organisation … Das aber erlangen wir, wenn wir – ebensowie man hinnehmen muß in die Inspiration das Ich – das Ich nun heraußen lassen, indem wir wieder untertauchen in unsere Leiblichkeit, aber nicht es etwa unbeschäftigt heraußen lassen, nicht etwa es vergessen, nicht etwa es aufgeben, es in die Unbewußtheit hinunterdrängen, sondern gerade dieses Ich verbinden mit dem reinen Denken, mit dem klaren, scharfen Denken, so daß man zuletzt das innere Erlebnis hat: Dein Ich ist ganz stark durchzogen von all dem scharfen Denken, zu dem du es zuletzt gebracht hast.»

Wenn der moderne Mensch sich auf etwas konzentriert, das er gedanklich nicht versteht, wird damit das Denken ausgeschaltet, zum Schlafen geschickt, und es kommen Assoziationen, Gefühle, Bilder aus dem Unterbewußten, danach vielleicht andere Erlebnisse, die aber nicht erkennend sind und nicht zu erkennenden Seelenzuständen führen, da eben das Denken ungepflegt geblieben ist und den Erlebnissen nicht entspricht, ihnen nicht gewachsen ist, sie nicht interpretieren kann. Wenn das Ich außerhalb des Leibes mit dem «klaren, scharfen Denken» durchzogen ist, so bedeutet das das leibfreie und lebendige Denken, in dem das höhere Ich zu Selbstbewußtsein erwachen kann. Die Meditationssätze müssen auf der untersten Ebene *verstanden* werden (sie können nicht in einer Sprache genommen werden, die dem Meditierenden unbekannt ist), um das Verstehen zu erhöhten Ebenen zu führen, wo es auch im Klang der Worte verstehend leben kann. Heute ist das keineswegs gegeben. Das gespiegelte Bewußtsein schützt die Freiheit des Menschen, indem kein Text oder Klang auf ihn *wirkt* ohne seine Zustimmung oder sein Zutun.

GA 237, Die karmischen Zusammenhänge der anthroposophischen Bewegung, 1.7.1924:

«Denn nach jener Zwischenzeit mit der Verdunkelung der Lebendigkeit im Denken, die nun da war, muß eben wiederum das Erringen des lebendigen Denkens eintreten, sonst wird die Menschheit schwach bleiben und die eigene Realität über die Realität des Denkens verlieren. Daher ist es schon notwendig, daß seit dem Eintreten unseres Weihnachts-Impulses in der anthroposophischen Bewegung rückhaltlos gesprochen werde in Form des lebendigen Denkens. Sonst kommen wir immerwährend mehr dazu, daß auch dasjenige, was da oder dorther gewußt wird, daß der Mensch physischen Leib, Ätherleib, Astralleib hat, nur in den Formen des toten Denkens erfaßt wird. Aber das darf nicht mit den Formen des toten Denkens erfaßt werden, denn dann ist es eigentlich eine entstellte Wahrheit, nicht die Wahrheit selber.»

VII. Über Schwärmerei und Mystizismus (Kap. 5, S. 23)

GA 178, Individuelle Geistwesen und ihr Wirken in der Seele des Menschen, 11.11.1917:

«... denn nichts liebt die noch immer selbst auf solchem Gebiete vom Materialismus angekränkelte Betrachtungsweise der Gegenwart mehr, als ein unklares, mystisches Herumschwimmen in allerlei nicht ausgeführten Begriffen.»

GA 177, Die spirituellen Hintergründe der äußeren Welt. Der Sturz der Geister der Finsternis, 1.10.1917:

«Man kann es ja erleben, daß gerade bei geisteswissenschaftlichen Vorträgen, manchmal auch bei pseudogeisteswissenschaftlichen Vorträgen, Leute in einer schläfrigen Ekstase zuhören wollen, sich eigentlich gar nicht besonders für den Inhalt interessieren, sondern mehr für das Wollustgefühl, das durch das Heraustreten des Ätherleibes und astralischen Leibes bewirkt wird, ‹hingegeben warm› zuhören. Für andere

Lebensverhältnisse kann dieses ‹hingegeben warm› sehr gut sein - für die Eröffnung des Verhältnisses gewisser geistiger Dinge ist es nichts nutz!»

Die Ausbildung der höheren Erkenntnisfähigkeiten erfordert geradezu eine mathematische Exaktheit:

GA 78, Anthroposophie, ihre Erkenntniswurzeln und Lebensfrüchte, 3.9.1921:
«Sie [die von Steiner gegebenen Regeln] zielen darauf, daß alles, was derjenige ausführt, der sich bestrebt, ein höheres Erkenntnisvermögen auszubilden, mit einer solchen inneren Klarheit ausgeführt werden muß, wie man sie hat, wenn man mathematische Vorstellungen ausbildet. Das Bewußtsein muß die Verfassung haben, die es beim Geometrisieren hat, wenn es sich hineinlebt in all das, was notwendig ist, um die Imagination und auch die folgenden Stufen der übersinnlichen Erkenntnis, die Inspiration und Intuition, auszubilden... Es darf dasjenige, was hinführen soll zur Imagination, nicht mit herabgestimmtem Bewußtsein angestrebt werden; denn indem man dasjenige, was rein seelisch-geistig mit mathematischer Klarheit angestrebt werden muß, traumhaft, mystisch, verworren, verdunkelt anstreben würde, könnte man nicht aufsteigen zu höheren Erkenntnissen...»

GA 84, Was wollte das Goetheanum und was soll die Anthroposophie?
9.4.1923:
«Alles, was ich Ihnen schildere, muß sich bei den Seelenübungen, auf die ich hinziele, so ausführen lassen, wie der Mathematiker seine Probleme ausführt. So daß der Mensch mit voller Besonnenheit das alles ausführt, daß nichts von irgendwelcher falschen Mystik, von Träumerei oder gar von Suggestion oder dergleichen darinnen ist. Mit derselben, ich möchte sagen, nüchternen Kälte - denn die Wärme und der Enthusiasmus kommen durch das, was man dann sieht, nicht durch die Methode -, mit derselben nüchternen Kälte, mit der man geometrische Probleme löst, muß man in der Seele seine Übungen anstellen.»

VIII. Über das «Erläutern» der «Inhalte» (Kap. 5, S. 25)

Steiner hat sich gegen alle Festhaltung der von ihm gegebenen Bilder und «Inhalte» gewehrt; er meinte es wirklich so, wie es der Grundgebärde der Waldorf-Pädagogik entspricht: etwas Unfertiges zu bieten, das durch den Empfangenden ergänzt werden muß, wie die grob ausgeführte Puppe die Phantasie des Kindes anfacht. Er hat im Umgehen mit seinen Werken bei anderen oft das Gegenteilige erlebt. In solchen Fällen war er tolerant, ohne das Vorgehen zu bejahen. So spricht er am *4.2.1923 (GA 221, Erdenwissen und Himmelserkenntnis)* auf diese Weise:

«Es ist ganz merkwürdig, was für Ideen entstehen gerade an der Hand der anthroposophischen Bücher. Ich begreife diese Ideen, widerspreche ihnen oftmals nicht, weil sie für den Einzelnen ihren Wert haben; aber nehmen wir z.B. die *Geheimwissenschaft.* Es sind Leute gekommen, die meinen, für diese *Geheimwissenschaft* von mir etwas tun zu können, wenn sie die ganze *Geheimwissenschaft* malen, so daß sie in Bildern vor den Leuten stehen würde. Es ist diese Sehnsucht entstanden. Es sind sogar Proben davon geliefert worden. Ich habe nichts dagegen, wenn diese Proben gut sind, so kann man sie sogar bewundern, es ist ja ganz schön, solche Dinge zu machen. Aber aus welcher Sehnsucht gehen sie hervor? Sie gehen aus der Sehnsucht hervor, das Wichtigste, was an der *Geheimwissenschaft* entwickelt wird, wegzunehmen und vor den Menschen Bilder hinzustellen, die wieder Bretter sind. Denn worauf es ankommt, das ist – so wie unsere Sprache und wie das scheußliche Schreiben geworden ist, dieses furchtbare Schreiben oder gar das Drukkenlassen –, das nun zu nehmen, wie es einmal ist, sich nicht auflehnen gegen das, was die Zivilisation gebracht hat, und das so zu nehmen, daß der Leser es auch sogleich überwinden kann, daß er sogleich herauskommt und nun die ganzen Bilder sich selber macht, die eingeflossen sind in die scheußliche Tinte, sie sich also selber erschafft. Je individueller jeder selber diese Bilder erschafft, desto besser ist es. Wenn das ihm ein anderer vorwegnimmt, so vermauert er ihm ja wiederum die Welt. Ich will ja nicht eine Philippika halten gegen die malerische Ausgestaltung dessen, was in der *Geheimwissenschaft* in Imaginationen dargestellt ist, selbstverständlich nicht, aber ich möchte nur auf das hinweisen, was als erlebendes Aufnehmen dieser Sache im Grunde genommen für jeden notwendig ist.»

Vorangehend heißt es:

«Es [das erste Kapitel des Buches *Von Seelenrätseln*] ist nicht mit der Feder geschrieben, sondern es ist geschrieben mit seelischen Spaten, welche die Bretter, die die Welt verschlagen, niederreißen möchten, das heißt, die Grenzen der Naturerkenntnis beseitigen möchten, aber beseitigen möchten durch innere Seelenarbeit. Also es muß mitgearbeitet werden in seelischer Betätigung bei dem Lesen eines solchen Kapitels.»

IX. Über die Versuchung (Kap. 6, S. 27)

GA 197, Gegensätze in der Menschheitsentwickelung, 24.6.1920:

«Dasjenige, wozu Anthroposophie geführt hat [die verschiedenen Anwendungen, Waldorfschule, die soziale Dreigliederungsbewegung usw.], das wird gelingen. Aber wenn in gewissen Dingen nicht Änderungen eintreten, dann wird es die ursprüngliche geistige Bewegung auffressen, und dann würde man durch den Willen der sogenannten Träger dieser geistigen Bewegung einen neuen Materialismus haben, indem eben die geistige Bewegung, die zugrunde liegt, zum Abtreiben gebracht worden ist. Der Geist will gepflegt sein, wenn er nicht zum Absterben kommen soll. Und der Materialismus besteht nicht durch sich selbst etwa, den Materialismus kann man nicht begründen, geradesowenig wie man einen Leichnam macht. Ein Leichnam entsteht, wenn der Organismus von der Seele verlassen wird. So auch kann alles dasjenige, was hier aus geistigen Grundlagen, aus Beseeltem heraus geschaffen wird, ein bloß Materielles werden, wenn nicht die Neigung dazu da ist, das Geistige nun wirklich zu pflegen.»

Ebenda am 25.7.1920:

«Sie sehen, es genügt nicht, daß man heute sogenannte Weltanschauungen, die herumnebeln, rektifiziert, korrigiert, sondern es handelt sich tatsächlich, wenn man Geisteswissenschafter werden will, darum, daß man an sich einen realen Prozeß vollzieht und sich nicht begnügt mit etwas Intellektuellem oder Verstandesmäßigen oder Theoretischen.»

Die Realität des Geistes hat nichts mit dem Inhalt zu tun:

Ebenda am 30.7.1920:

«Es ist viel wichtiger für den Gesamteffekt der Weltevolution, daß ein genialer Materialist da ist, der den Materialismus genial vertritt – dazu gehört Geist, und manchmal gehört sehr wenig Geist dazu, um platte Mystik zu vertreten. Der platte Mystiker kann unter Umständen viel mehr zur Vermaterialisierung der Welt beitragen als der geniale Materialist. Auf die Qualitäten des Geistigen kommt es an. Darauf, daß dies erkannt wird, wird es viel mehr ankommen, als auf den Inhalt. Das ist das, was gelernt werden muß; denn wir wollen nicht den Geist anstreben als ein logisches System, sondern in seiner Realität, und da frage ich Sie: Können Sie sich nicht vorstellen, daß Geist lebt in dem geistvollen Materialisten, mehr als in dem platten Spiritualisten? Diese Dinge, die müssen von der anthroposophisch orientierten Geisteswissenschaft eingesehen und durchschaut werden; denn auf die Realität des Geistes kommt es an, nicht auf die abstrakte Behauptung des einen oder des andern. Das verkennt man gerade, wie sehr es wirklich ankommt auf Realitäten und nicht auf Theorien!»

Nicht Theorien, sondern geistige Taten, das Verändern des Denkens in seinem Gegebensein, in seinem Angelehntsein an das Gehirn: darum geht es.

Nochmals aus GA 197, 30.7.1920:

«Es ist einfach der abendländische Mensch auf dem Wege, ein Wesen zu werden, das nur noch mit dem physischen Gehirn denkt ... die Menschen haben sich nun gewöhnt, bloß mit dem Gehirn zu denken;

das ist die heute übliche Denkweise. Alles, was in unserer gewöhnlichen Literatur, in unserer ganzen modernen Wissenschaft liegt, ist materielles Denken, ist solches Denken...»

«Also es handelt sich nicht um die Ersetzung einer alten Erkenntnis durch eine neue, sondern darum, Taterkenntnis zu gewinnen, durch welche die Seele bewahrt wird vor dem Hineinsegeln in die bloße Materialität, vor dem Hineinsegeln des Geistig-Seelischen – wodurch das Ich aufgehoben würde – in das Ahrimanische. Also nicht darum handelt es sich, den Materialismus zu widerlegen, sondern darum, die Menschheit zu bewahren davor, daß der Materialismus richtig werde; denn er ist auf dem Wege, eine Richtigkeit, nicht eine Falschheit zu sein ... Nicht darum handelt es sich, den Materialismus zu widerlegen; denn er ist auf dem Marsche, richtig zu werden, sondern darum, ihn unrichtig zu machen, weil er auf dem Wege ist, eine Tatsache zu werden, weil er nicht eine falsche Theorie bloß ist... Wir haben diesen Materialismus nicht zu überwinden, weil er falsch ist, durch das Wort, das Theorie bleibt, sondern weil er richtig ist und weil wir gerade bekämpfen müssen, daß er als Richtiges dasteht. Da bekommen die Dinge ein anderes Gesicht, da aber steht man in der Realität der geistigen Welt darin nicht mit Theorien, sondern mit einer Erkenntnis, die im kosmischen Zusammenhang eine Tat ist.»

GA 198, Heilfaktoren für den sozialen Organismus, 4.7.1920:
«Denn die Aufgabe ist nicht heute, eine theoretische Anschauung zu überwinden, die Aufgabe ist heute, die Tatsache, daß die menschliche Seele in Abhängigkeit gekommen ist vom Leibe, zu überwinden. Die Aufgabe ist heute nicht, zu widerlegen den Materialismus, sondern die Aufgabe ist, heute jene Arbeit, jene geistig-seelische Arbeit zu verrichten, welche die Seele wiederum loslöst aus den Banden des Materiellen.»

Die Gefährlichkeit einer rhetorischen, intellektuellen oder spekulativen Anthroposophie wird hier auf drastische Weise dargestellt.

GA 221, Erdenwissen und Himmelserkenntnis, 4.2.1923:
«Wenn also irgendwo heute eine Widerlegung irgendeines anthroposophischen Kapitels erscheint und dann eine mit denselben Mitteln wie
die Widerlegung erschienene geschriebene Verteidigung da ist, dann ist
dadurch gar nichts getan, eigentlich wirklich gar nichts getan, denn man
redet hinüber und herüber mit derselben Denkweise. Darauf kommt es
gar nicht an, sondern es kommt darauf an, daß von einem neuen Leben
die Anthroposophie getragen werde.»

GA 257, Anthroposophische Gemeinschaftsbildung, 27.2.1923:
«Ist es denn Wahrheit, wenn wir von der übersinnlichen Welt reden
und nicht imstande sind, uns aufzuschwingen zum Erfassen solcher
realer Geistigkeit, solches umgekehrten Kultus? Erst dann stehen wir
wirklich im Ergreifen, im Erfassen des Spirituellen drinnen, wenn wir
nicht nur die Idee dieses Spirituellen abstrakt haben und etwa sie
theoretisch wiedergeben können, auch für uns selbst theoretisch wiedergeben können, sondern wenn wir glauben können, aber glauben auf
Grundlage eines beweisenden Glaubens, daß Geister im geistigen Erfassen geistige Gemeinschaft mit uns haben. Sie können nicht durch äußere
Einrichtungen die anthroposophische Gemeinschaftsbildung hervorrufen. Sie müssen sie hervorrufen aus den tiefsten Quellen des menschlichen Bewußtseins selbst.»

GA 127, Die Mission der neuen Geistesoffenbarung, 5.6.1911:
«Besser ist es, ehrlich zu irren, als unehrlich Dogmen anzuhängen.»

X. Über die neuen Begriffe (Kap. 7, S. 30)

GA 154, Wie erwirbt man sich Verständnis für die geistige Welt? 12.5.1914:
«Wir reden z.B. von Wesenheiten der höheren Hierarchien... Wir
reden von den Seelen der Verstorbenen... Aber wir müssen uns gleich-
sam auf Schritt und Tritt klarmachen, daß man mit Begriffen, die

sozusagen heute in der Welt aufgelesen sind, nicht von diesen Dingen sprechen kann, oder wenigstens dann nur zu Mißverständnissen kommen kann.»

GA 17, Die Schwelle der geistigen Welt, Kap. Von dem Erkennen der geistigen Welt:
«Die Einsicht in die Ergebnisse der Geisteswissenschaft wird erleichtert, wenn man im gewöhnlichen Seelenleben dasjenige ins Auge faßt, was Begriffe gibt, die sich so erweitern und umbilden lassen, daß sie allmählich an die Vorgänge und Wesenheiten der geistigen Welt heranreichen. Wählt man nicht mit Geduld diesen Weg, so wird man leicht versucht sein, die geistige Welt viel zu ähnlich der physischen oder sinnlichen vorzustellen. Ja man wird ohne diesen Weg nicht einmal dies zustande bringen, eine zutreffende Vorstellung von dem Geistigen selbst und seinem Verhältnisse zum Menschen sich zu bilden.»
Es wird hier auf die Bewußtseinsprozesse und besonders auf die Erkenntnisprozesse hingewiesen; als Beispiel folgt die Besprechung der Erinnerung.

GA 257, Anthroposophische Gemeinschaftsbildung, 3.3.1923:
«... man kann solch ein Buch, wie z.B. meine *Theosophie*, auf zweifache Weise lesen. Man kann so lesen, daß man da liest: Der Mensch besteht aus physischem Leib, Ätherleib, Astralleib usw.; der Mensch hat wiederholte Erdenleben, Karma, das heißt man nimmt Begriffe auf. Gewiß, das sind andere Begriffe als auf einem anderen Felde, aber der geistige Prozeß, der sich abspielt, ist unter Umständen genau derselbe, wie wenn man ein Kochbuch liest; denn gerade das habe ich ja oft gesagt: Es handelt sich um den geistigen Prozeß, nicht um die Aufnahme von Ideen. Es ist ganz einerlei, ob Sie lesen, Sie sollen Butter ausgießen in eine Pfanne, Mehl hineintun, das durcheinanderrühren, Eier hineinschlagen, oder ob Sie lesen: da gibt es physischen Stoff, ätherische Kräfte, astralische Kräfte, die sind da durcheinandergemischt. Es ist ganz einerlei als Seelenprozeß, ob Sie Butter, Fett, Eier, Mehl auf irgendeinem

Kochherde zusammengemischt haben, oder ob Sie für die Menschenwesenheit physischen Leib, Ätherleib, Astralleib zusammengemischt sich vorstellen.

Man kann aber auch die *Theosophie* so lesen, daß man weiß: Da drinnen sind Begriffe enthalten, die sich zu der gewöhnlichen Begriffswelt des Physischen so verhalten, wie die Begriffswelt des Physischen zur Traumwelt. Sie gehören einer Welt an, in die man ebenso aus der gewöhnlichen physischen hinein erwachen muß, wie man aus der Traumwelt in die physische Welt erwacht.»

GA 163, Zufall, Notwendigkeit und Vorsehung, 6.9.1915:
«Wenn wir auch an die geistige Welt heranwollen, dann haben wir das Bedürfnis, die Sehnsucht zumeist, diese geistigen Welten recht ähnlich den physischen Welten zu finden, sie wenigstens so charakterisieren zu können, daß wir auskommen mit den Vorstellungen, die wir uns in der physischen Welt angewöhnt haben. Aber ich habe schon oft darauf aufmerksam gemacht, daß die Vorstellungen, die wir aus der physischen Welt aufnehmen, zur Charakteristik der geistigen Welten eben doch nicht ausreichen.»

GA 316, Meditative Betrachtungen und Anleitungen zur Vertiefung der Heilkunst, 9.1.1924:
«Denn wenn der Mensch seine gewöhnliche Sinnesanschauung mit Gedanken durchsetzt, wie er sie hat im gewöhnlichen Leben und sie mitträgt in die geistige Welt jenseits der Schwelle hinein, dann ruft er vor seinem geistigen Auge dadurch, daß er die Dinge jenseits der Schwelle so beurteilt, wie man die Dinge hier betrachtet, hier beurteilt, ein Blendwerk, ein richtiges Blendwerk hervor. Und deshalb ist jene geistige Wesenheit an der Schwelle, von der wir lernen können, daß wir ganz andere Begriffe brauchen, wenn wir die Schwelle übertreten, daß uns eben Blendwerk lähmt für das Leben, wenn wir mit unseren gewöhnlichen, aus der Sinneswelt entnommenen Begriffen in die geistige Welt hinüberkommen. Dieser Hüter der Schwelle ist eigentlich der Mahner,

daß wir uns erst die Ideen verschaffen, die wir in der geistigen Welt brauchen. Man glaubt gewöhnlich nicht, daß die Begriffe, die in der geistigen Welt etwas taugen, ja außerordentlich verschieden sind von den Begriffen, die hier in der physischen Welt etwas taugen.»

Die notwendigen Begriffe werden wie folgt charakterisiert:
GA 183, Die Wissenschaft vom Werden des Menschen, 24.8.1918:
«... die Begriffe, die notwendig sind, um die wahre Wirklichkeit des Menschen wieder zu erfassen und damit die wahre Wirklichkeit der Welt einigermaßen zu begreifen, diese Begriffe müssen flüssig sein, diese Begriffe dürfen nicht scharf konturiert sein, denn die Wirklichkeit ist nichts Starres, sondern etwas Werdendes. Und wollen wir mit unseren Begriffen und Ideen die Wirklichkeit erfassen, so müssen wir mit unseren Begriffen dem Fluß, dem Werden der Wirklichkeit nachschreiten.»

GA 179, Geschichtliche Notwendigkeit und Freiheit. Schicksalseinwirkungen aus der Welt der Toten, 15.12.1917:
«Krankt ja sogar der Mensch vielfach daran, sich auch dasjenige, was in der geistigen Welt enthalten ist, möglichst räumlich zu denken – wenn auch nebulos, wenn auch dünn und nebelhaft –, aber er möchte es doch irgendwie sich räumlich denken: räumlich herumfliegende Seelen und dergleichen möchte er sich denken. Man muß über die Begriffe von Raum und Zeit hinausgehen zu komplizierteren Begriffen, wenn man in diese Dinge wirklich eindringen will.»

GA 219, Das Verhältnis der Sternenwelt zum Menschen und des Menschen zur Sternenwelt. Die geistige Kommunion der Menschheit, 17.12.1922:
«Aber auf der anderen Seite erstreben wir mit dem, was wir die anthroposophische Geisteswissenschaft nennen, ein Herauskommen aus dem Räumlichen. Wir kommen allerdings dem räumlichen Sehnen entgegen, indem wir das Geistige versinnlichen. Das kann schon sein, nicht wahr, um zu Hilfe zu kommen dem Vorstellungsvermögen. Allein

wir müssen uns doch immer bewußt bleiben, daß dieses nur ein Versinnlichen ist, und daß eigentlich das, worauf es ankommt, ein Streben ist, wenigstens ein Streben sein müßte, aus dem Räumlichen herauszukommen... Wir streben in das Zeitliche und auch in das Überzeitliche hinein, in das, was aus dem Sinnlichen überhaupt herausführt.»

GA 199, Geisteswissenschaft als Erkenntnis der Grundimpulse sozialer Gestaltung, 20.8.1920:
«Aber man muß sich bemühen, um das Geistige zu denken, den Raum selber in seinem Denken zu überwinden. Sonst werden wir niemals in das wirkliche Geistige hineinkommen und werden vor allen Dingen niemals auch nur zu einer annähernd richtigen Naturwissenschaft kommen, geschweige denn zu einer Geisteswissenschaft.»

GA 176, Menschliche und menschheitliche Entwicklungswahrheiten. Das Karma des Materialismus, 24.7.1917:
«Geisteswissenschaft setzt an die Stelle fertiger Begriffe, fertiger Vorstellungen etwas, was in immer neuen und neuen Verarbeitungen von der Seele durchgemacht werden muß, womit die Seele immer von neuem und neuem zusammen sein muß. Äußere Wahrheiten, wie sie uns die Naturwissenschaft gibt, wenn wir ein gutes Gedächtnis haben, wir bekommen sie, und wir haben sie dann. Denn naturwissenschaftliche Wahrheiten werden in Begriffen gegeben, die gewissermaßen tot sind; die Naturgesetze als Begriffe sind tot. Geisteswissenschaftliche Wahrheiten müssen in lebendigen Begriffen gegeben werden. Wenn wir sie aber zu toten Begriffen verurteilen, die geisteswissenschaftlichen Wahrheiten, d.h. wenn wir sie so hinnehmen wollen, wie wir die natürlichen Wahrheiten hinnehmen, dann sind sie für die Seele keine Speise, dann sind sie für die Seele Steine, die nicht verarbeitet werden können... Das ist gewiß etwas, was an Geisteswissenschaft viele auch wiederum unbefriedigt sein läßt, weil sie etwas Fertiges gerne haben wollen. Während Geisteswissenschaft nur geben kann eine Anleitung zum ‹Essen des Geistigen›, möchte man fertige Nahrung haben...

Vieles von dem, was … an Krankhaftigkeit in unserer Seele lebt, wird seine Heilung nur dadurch erfahren können, daß man Interesse gewinnt für das lebendige Leben mit der Wahrheit, nicht die Gier entwickelt nach fertigen Wahrheiten. Klar umrissene Wahrheiten aber, dasjenige, was man in fertigen Begriffen ausspricht, bezieht sich immer auf ein *Vergangenes*. In irgendeiner Weise ist dasjenige, was in fertige Begriffe geprägt wird, immer auf ein Vergangenes bezüglich.»

XI. Über die Anfangsschritte (Kap. 7, S. 30)

GA 231, Der übersinnliche Mensch, anthroposophisch erfaßt, 16.11.1923:
«Ich schildere dies … um … darauf aufmerksam zu machen, daß die Früchte der hier gemeinten Geisteswissenschaft nicht allein davon abhängen, daß man sie selber produziert. Hat man auf irgendeinem Gebiete etwas produziert, so kennt man eben das Produzieren. Und dazu kann jeder kommen, wenn er nur einigermaßen das ins Auge faßt, was ich z.B. in meinem Buche *Wie erlangt man Erkenntnisse der höheren Welten?* geschildert habe als Seelenübungen, Meditation und Konzentration usw. Wenn er dann dadurch die innere Seelentätigkeit auch nur für einige Schritte erfaßt, die ins Leben hineinführen, dann öffnet er sich damit das Herz für das, was von den dazu berufenen Geistesforschern empfangen werden kann. Und dann wird die empfangene Geistesgabe das, was sich tief mit dem Persönlichen des Menschen verbinden kann, weil sie zu dem Persönlichen des Menschen spricht. Dann kommt der Mensch mit dem Persönlichen an die Quellen jenes Lebens, aus dem das Ewige in seiner Wesenheit heraus stammt.»

GA 221, Erdenwissen und Himmelserkenntnis, 3.2.1923:
«Wenn man Anthroposoph werden will in der Art, daß man die anthroposophischen Gedanken aufnimmt und dann nicht einfach passiv sich ihnen hingibt, sondern durch einen starken Willen dasjenige, was man während jeder Nacht im traumlosen Schlafe ist, hineingießt in

die Gedanken, in die reinen Gedanken der Anthroposophie, dann hat man die erste Stufe desjenigen erklommen, was man heute berechtigt ist, Hellsehen zu nennen, dann lebt man hellsichtig in den Gedanken der Anthroposophie... Wollen Sie dasjenige, was in den Worten eines wirklichen anthroposophischen Buches liegt, so werden Sie durch dieses Wollen wenigstens gedankenhaft unmittelbar hellsichtig...

Wir müssen eben dazu kommen, zu dem bloßen passiven intellektualistischen Erleben der anthroposophischen Wahrheiten das Aufgehen mit unserem ganzen Menschen in diesen anthroposophischen Wahrheiten zu finden. Dann wird dasjenige, was anthroposophische Verkündigung ist, nicht in der lendenlahmen Weise auftreten, daß man immer nur sagt: Von geisteswissenschaftlicher Seite wird uns versichert –, sondern dann wird man die anthroposophischen Wahrheiten als sein eigenes Erleben verkündigen können, wenigstens zunächst für das, was dem Menschen am allernächsten liegt, z.B. für das medizinische Gebiet ... für das Gebiet der äußeren Wissenschaften oder des äußeren sozialen Lebens. Wenn auch nicht die Gebiete der höheren Hierarchien auf dieser ersten Stufe des Hellsehens zugänglich werden, aber das, was als Geist in unserer unmittelbaren Umgebung ist, das kann auf diese Weise auch wirklich Gegenstand der menschlichen Seelenverfassung der Gegenwart sein. Und vom Willen hängt es ab im umfassendsten Sinne, ob in unserer Anthroposophischen Gesellschaft Menschen auftreten, die Zeugnis dafür ablegen können, ein gültiges Zeugnis, weil es unmittelbar empfunden wird, als lebendiger Quell der Wahrheit empfunden wird, ein gültiges lebendiges Zeugnis für die innere Wahrheit des Anthroposophischen.»

XII. Über das Studium als Weg zum reinen Denken (Kap. 7, S. 30)

GA 97, Das christliche Mysterium, 30.11.1906:
«Das Studium erfordert, daß der Schüler die Geduld hat, gewisse Begriffe über die Welt zu gewinnen... Es ist eine gewisse Trainierung des

Denkens erforderlich, eine Angewöhnung, im reinen Element des Denkens zu leben und zu weben. Für die, welche die rosenkreuzerische Einweihung erlangen und den Geist trainieren wollen, sind solche Bücher geschrieben wie *Die Philosophie der Freiheit* und *Wahrheit und Wissenschaft*. Es kommt darauf an, die für manche unendlichen Schwierigkeiten zu überwinden, den Gedanken zu verfolgen und zu erkennen, wie ein Gedanke sich aus dem andern mit Notwendigkeit herausspinnt.»

Ebenda am 16.2.1907:
«Das Studium, das heute an die Menschen herangebracht wird, welches von dem Sinnenfälligen der Welt wegführt, besteht in einer Schulung der Gedanken. Diese haben dann nichts zu tun mit dem, was uns in der Sinnlichkeit umgibt.»

GA 55, Die Erkenntnis des Übersinnlichen in unserer Zeit und deren Bedeutung für das heutige Leben, 14.3.1907:
«Hier [im Studium] handelt es sich aber um ein Denken, das sinnlichkeitsfrei geworden ist... Dieses Denken nennt man in der Geisteswissenschaft und auch im Rosenkreuzertum das sich selbst erzeugende Denken.»

GA 56, Vor dem Tore der Theosophie, 4.9.1906:
«Beim Studium kommt es nicht so sehr auf das Was als auf das Wie an. Durch die großen Wahrheiten, wie z.B. die Planetengesetze, schaffen wir uns große Denklinien an, und das ist das Wesentliche an der Sache.»

GA 99, Die Theosophie des Rosenkreuzers, 6.6.1907:
«Das Studium im Rosenkreuzer-Sinne ist das Sich-vertiefen-Können in einen solchen Gedankeninhalt, der nicht der physischen Wirklichkeit, sondern der den höheren Welten entnommen ist; das, was man das Leben in reinen Gedanken nennt...»
Viele Menschen «möchten sich lieber schöne Gefühle aneignen, ernsthaft studieren wollen sie nicht. Doch wenn man sich auch noch so

viele schöne Gefühle aneignet in der Seele, es ist unmöglich, dadurch allein in die höheren Welten hinaufzukommen. Nicht Gefühle will die Rosenkreuzer-Theosophie erregen, sondern durch die gewaltigen Tatsachen der geistigen Welten die Gefühle selbst antönen lassen. Als eine Art von Schamlosigkeit empfindet es der Rosenkreuzer, wenn er auf die Menschen losstürmt mit Gefühlen. Er führt sie hinein in den Werdegang der Menschheit in der Voraussetzung, daß die Gefühle dann von selbst entstehen. Er läßt vor ihnen erstehen den wandelnden Planeten im Weltenraume, und wenn die Seele diese Tatsachen erlebt, dann soll sie mächtig ergriffen werden in ihren Gefühlen. Es ist nur eine Herumrederei, wenn man sagt, man solle sich direkt an das Gefühl wenden. Das ist nur eine Bequemlichkeit.»

GA 56, Die Erkenntnis der Seele und des Geistes, 28.11.1907:
«Niemand sollte das Fühlen ausbilden, bevor er das sinnlichkeitsfreie Denken nicht bis zu einer gewissen Stufe gebracht hat.»

XIII. Über aktives, hellseherisches Denken (Kap. 7, S. 31)

GA 152, Vorstufen zum Mysterium von Golgatha, 7.3.1914:
«Und indem wir mittendrin stehen in der fünften nachatlantischen Periode, indem wir Geisteswissenschaft pflegen und immer mehr und mehr zum Verständnis des lebendigen Gedankens, des hellseherisch werdenden Denkens beizutragen haben, haben wir zugleich die sechste nachatlantische Periode vorzubereiten.»

GA 26, Anthroposophische Leitsätze, 30.8.1924:
«Von dieser Tatsache, daß die Ideen des Menschen nicht nur ‹denkend› bleiben, sondern im Denken ‹sehend› werden, hängt unermeßlich viel ab.»

*GA 188, Der Goetheanismus, ein Umwandlungsimpulse und Auferste-
hungsgedanke, 5.1.1919:*
«Das Denken, nicht die Gedanken, das muß aktiv werden. Dieses
Aktivwerden des Denkens, das kommt von dem Hereinspielen der
geistigen Welt. Und Sie können heute, wenn Sie wirklich anfangen, aktiv
zu denken, gar nicht anders, als die geistige Welt in sich hereinspielen zu
lassen.»

XIV. Über das Erleben des Denkens (Kap. 7, S. 31)

GA 20, Vom Menschenrätsel, Ausblick:
«Der Mensch kann in das gewöhnliche bewußte Denken eine stärkere
Willensentfaltung einführen, als in diesem im gewöhnlichen Erleben der
physischen Welt vorhanden ist. Er kann dadurch vom Denken zum
Erleben des Denkens übergehen. Im gewöhnlichen Bewußtsein wird
nicht das Denken erlebt, sondern durch das Denken dasjenige, was
gedacht wird. Es gibt nun eine innere Seelenarbeit, welche es allmählich
dazu bringt, nicht in dem, was gedacht wird, sondern in der Tätigkeit des
Denkens selbst zu leben.»

GA 67, Das Ewige in der Menschenseele, 21.2.1918:
«Es handelt sich dabei ... darum, daß der Mensch das, was sonst bloß
kombinierendes Denken ist, wie es dem zugrunde liegt, was man heute
oftmals allein ‹Wissenschaft› nennt, zum innerlichen Denkleben er-
weckt. Dann ist das Denken ein Leben in Gedanken. Dann kann man
auch nicht mehr über das Denken denken, sondern dann verwandelt es
sich überhaupt in etwas anderes. Dann verwandelt sich das Denken über
das Denken in eine geistige Anschauung des Denkens...»

XV. Über das wortlose Denken (Kap. 7, S. 31)

GA 233a, Mysterienstätten des Mittelalters, 13.1.1924:
«Und so ist es bei Michael, daß er eine strenge Abweisung für alles das
hat, was auch z.B. das Trennende der menschlichen Sprachen ist. Solange
man seine Erkenntnisse in die Sprachen nur einhüllt, sie nicht hinauf-
trägt in den Gedanken, so lange kommt man nicht in die Nähe des
Michael... Und so schaut man denn heute diesen Kampf von nach oben
anstürmenden ahrimanischen Geistern, die das nach oben tragen möchten, was aus den vererbten Nationalitäts-Impulsen herauskommt, und
was Michael streng abweist, zurückweist...

Es ist in der Tat heute nach dieser Richtung hin der lebhafteste
Geisteskampf vorhanden, weil über einen großen Teil der Menschheit
das ja ausgegossen ist, daß nicht Gedanken vorhanden sind, sondern,
daß die Menschen in Worten denken. Zu Michael kommt man nur,
wenn man durch die Worte hindurch zu wahren inneren Geist-Erlebnissen kommt; wenn man nicht an den Worten hängt, sondern zu wahren
inneren Geist-Erlebnissen kommt. Das ist ja in der Tat das Geheimnis
der modernen Einweihung: über die Worte hinauszukommen zum
Erleben des Geistigen.»

GA 271, Kunst und Kunsterkenntnis, 5.5.1918:
«Der Seher aber erlebt das, was für ihn Inhalt des geistigen Erlebnisses
ist, außerhalb der Sprache. Das ist etwas, was man schwer klarmachen
kann, weil die meisten Menschen in Worten denken, aber der Seher
denkt wortlos und ist dann genötigt, das, was wortlos ist im Erleben, in
die schon festgestaltete Sprache hineinzugießen. Er muß sich den
formalen Verhältnissen der Sprache anbequemen. Er braucht dies nicht
als Zwang zu fühlen, denn er kommt dahinter, worin das Geheimnis des
Spracheschaffens besteht. Er kann sich verständigen dadurch, daß er das
Vorstellungsmäßige der Sprache abstreift. Daher ist es so bedeutungsvoll, daß man begreift, es ist wichtiger, wie der Seher es sagt, als was er
sagt. Was er sagt, ist bedingt durch die Vorstellung, die jeder von außen

herein mitbringt. Er ist genötigt, um nicht als Narr angesehen zu werden, das, was er zu sagen hat, in gangbare Sätze und Vorstellungsverknüpfungen zu kleiden... Der steht ihm richtig gegenüber, der da auf das Wie des Ausdruckes kam, der darauf kam, daß der Seher achtgibt, manches kurz, anderes breiter, anderes gar nicht zu sagen, daß er genötigt ist, den Satz von einer Seite so zu formulieren, dann einen anderen dazuzusetzen von der anderen Seite her... Daher ist es wichtig zum Verständnis, weniger bloß auf den Inhalt zu hören, der natürlich als Offenbarung der Geisteswelt auch wichtig ist, als durch den Inhalt durchzudringen auf die Art, wie der Inhalt ausgedrückt wird, um zu sehen, ob der Redner nur Sätze und Theorien koppelt, oder ob er aus Erfahrung redet. Das Sprechen aus der Geisteswelt wird sichtbar im Wie des Gesagten, nicht so sehr im Inhalt, sofern er theoretischen Charakter hat, sondern wie er zum Ausdruck kommt.»

Ebenda am 6.5.1918:

«Was da [in der geistigen Welt] angeschaut wird, das wird nicht in Worten angeschaut, es drückt sich nicht unmittelbar in Worten aus. So hat man es in der Verständigung mit der Außenwelt seherisch schwer, denn die meisten Menschen denken theoretisch und inhaltlich in Worten und können sich nicht ein Leben der Seele vorstellen, das über die Worte hinaus ist. Daher empfindet derjenige, der die Geisteswelt empfindend erlebt, es als einen gewissen Zwang, in die schon gestaltete Sprache das hineinzugießen, was er erlebt. Aber dadurch, daß er zum Schweigen bringt, was sonst in der Sprache lebt – das Vorstellungs- und Erinnerungsvermögen –, kann er in sich rege machen die sprachschöpferischen Kräfte selbst, jene schöpferischen Kräfte, die an der Menschheitsentwickelung tätig waren, als die Sprache entstand. Der Seher muß sich versetzen in die Seelenverfassung, wo die Sprache erst entstand, muß die doppelte Tätigkeit entwickeln, innerlich zu gestalten Spirituelles, das er geschaut, und in den Geist der Sprachgestaltung so untertauchen, daß er beides miteinander zu verbinden vermag. Daher ist es wichtig einzusehen, daß man die Worte des Sehers anders auffassen muß als sonst

Worte. Indem der Seher sich mitteilt, muß er sich der Sprache bedienen, aber so, daß er das, was in der Sprache schöpferisch tätig ist, wieder entstehen läßt, indem er gewisse Dinge stark, andere weniger betont…

Es kommt darauf an, daß er zuerst gestaltet, es kommt darauf an, wie er die Dinge sagt, besonders die Dinge über die Geisteswelt, nicht bloß auf das, was er sagt. Weil das so wenig in Betracht gezogen wird, und weil die Menschen bei den Worten sich erinnern, was diese sonst bedeuten, wird der Seher so schwer verstanden.»

XVI. Über die «Zwei Wege» (Kap. 7, S. 31)

Im Nachwort zu *Wie erlangt man Erkenntnisse der höheren Welten?* geschieht ein bedeutsamer Schritt im Hinblick auf die Auffassung, daß es zwei Wege zu höheren Erkenntnissen gäbe; einen durch die *Philosophie der Freiheit* (als Übungsbuch) und einen anderen durch das eben erwähnte Werk. Im genannten Nachwort lesen wir:

«Für die hier gemeinte übersinnliche Seelenbetätigung ist es außerordentlich bedeutsam, in voller Klarheit das Erleben des reinen Denkens zu durchschauen. Denn im Grund ist dieses Erleben selbst schon eine übersinnliche Seelenbetätigung. Nur eine solche, durch die man noch nichts Übersinnliches schaut. Man lebt mit dem reinen Denken im Übersinnlichen; aber man erlebt nur *dieses* auf eine übersinnliche Art; man erlebt noch nichts anderes Übersinnliches. Und das übersinnliche Erleben muß sein eine Fortsetzung desjenigen Seelenerlebens, das schon im Vereinigen mit dem reinen Denken erreicht werden kann. Deshalb ist es so bedeutungsvoll, diese Vereinigung richtig erfahren zu können. Denn von dem Verständnisse dieser Vereinigung leuchtet das Licht, das auch rechte Einsicht in das Wesen der übersinnlichen Erkenntnis bringen kann.»

Damit werden die zwei Wege in ein Verhältnis zueinander gebracht bzw. vereint.

XVII. Über Gemeinschaftsbildung (Kap. 7, S. 31)

GA 257, Anthroposophische Gemeinschaftsbildung, 3.3.1923:
«Es ist notwendig, Verständnis zu erringen für das, was Anthroposophie in der Anthroposophischen Gesellschaft sein soll: Ein Geistesweg soll sie sein. Dann findet sich auch die Gemeinschaftsbildung, wenn sie ein Geistesweg ist.»

Wird Anthroposophie nicht als ein Geistesweg aufgefaßt und geübt, dann entsteht das Gegenteil der Gemeinschaftsbildung.

Ebenda am 28.2.1923:
«Und wenn mehrere Menschen sich mit demjenigen, was sie aus dem Alltagsbewußtsein haben, dann zusammenfinden und nicht mit der vollen Empfindung sich erheben zu der übersinnlichen Welt, wenn sich solche Menschen zusammenfinden, um einfach in der alltäglichen Seelenverfassung die Sprache der übersinnlichen Welt zu hören, dann ist eine unendlich große Möglichkeit gegeben, daß sie ins Streiten kommen, weil sie untereinander auf die naturgemäßeste Weise zu Egoisten werden.»

«Wenn die Menschen also ihren gewöhnlichen Seelenduktus hineintragen in ihr vermeintliches Verstehen der Lehre aus der höheren Welt, dann kommen sie aus diesem Hineintragen ganz selbstverständlich zu Egoismus und Streit.»

XVIII. Über Wissenschaftlichkeit (Kap. 7, S. 31)

GA 203, Die Verantwortung des Menschen für die Weltentwicklung, 8.2.1921:
«Die Gewohnheiten des Arbeitens in gewissen Orden und in den theosophischen Bewegungen konnten schon deshalb durchaus nicht anwendbar sein auf dasjenige, was der Inhalt war, der sich auswirkte durch die anthroposophische Bewegung, weil diese anthroposophische Bewegung, trotzdem sie zum Herzen und zum Gemüte eines jeden

67

einzelnen Menschen spricht, doch zu gleicher Zeit von Anfang an voll gewachsen war allen wissenschaftlichen Anforderungen, die nur in der Gegenwart irgendwie gestellt werden können. Das letztere ist ja eine Tatsache, die von vielen Seiten auch innerhalb der Mitgliedschaft durchaus nicht ernst genommen worden ist.»

GA 215, Die Philosophie, Kosmologie und Religion in der Anthroposophie, 6.9.1922:

«Hier [im Goetheanum] soll eine wissenschaftliche Methode für die Erkenntnis des Übesinnlichen ausgebildet werden, so streng, so exakt, so wissenschaftlich, wie dies für die wissenschaftlichen Methoden heute auf dem Gebiete des Naturforschens verlangt wird. Man kann nur dann in das übersinnliche Gebiet hinaufgelangen, wenn man nicht stehenbleibt bei den Forschungswegen, die bloß für das Sinnliche geeignet sind. Man kann aber nicht wissenschaftlich in die übersinnlichen Welten hinaufgelangen, wenn man aus einem anderen Geiste heraus verfährt als der ist, der sich so tüchtig bewährt hat für das Gebiet der sinnlichen Wirklichkeit.»

XIX. Über die Pflege der Geisteswissenschaft (Kap. 7, S. 31)

Im zweiten der achtzehn Briefe an die Mitglieder (GA 260a) wird zusammengefaßt, wie Steiner über die Pflege der Geisteswissenschaften gedacht hat.

«Für Menschen soll Anthroposophie da sein, die in ihrer Seele die Wege zum geistigen Erleben suchen...

Anthroposophie kann nur als etwas Lebendiges gedeihen. Denn der Grundzug ihres Wesens ist Leben. Sie ist aus dem Geiste fließendes Leben. Deshalb will sie von der lebendigen Seele, von dem warmen Herzen gepflegt sein.

Die Urform, in der sie unter Menschen auftreten kann, ist die Idee; und das erste Tor, an das sie sich bei Menschen wendet, ist die Einsicht.

Wäre das nicht so, sie hätte keinen Inhalt. Sie wäre bloße Gefühlsschwärmerei. Aber der wahre Geist schwärmt nicht; er spricht eine deutliche, inhaltvolle Sprache.

Aber diese Sprache ist eine solche, die nicht allein den Verstand, sondern den ganzen Menschen ergreift. Wer nur mit dem Verstande Anthroposophie aufnimmt, der tötet sie in seinem Aufnehmen...

Sie [die Anthroposophie] muß jedesmal neu entstehen, wenn das Menschenherz sich an das Buch wendet, um von ihr zu erfahren... Nur Bücher, die im lesenden Menschen lebendig werden können, sind anthroposophische Bücher.

Noch weniger als das tote Buch selbst verträgt die Anthroposophie das in der Menschenrede zum Scheinleben gewordene Buch...

Deshalb kann Anthroposophie, wenn sie auch als Literatur notwendig leben *muß,* jedesmal wie neu geboren werden, wenn sie in einer Gruppe von Menschen im Worte den Weg zu den Seelen sucht. Aber sie wird da nur neu geboren werden, wo der Mensch zum Menschen spricht, nicht der aufgenommene Gedanke.»

Aus dem letzten Brief:

«Es wird ... viel zu wenig darauf gesehen, daß Anthroposophie nicht graue Theorie, sondern wahres Leben sein soll. Wahres Leben, das ist ihr Wesen; und wird sie zur grauen Theorie *gemacht,* dann ist sie oft gar nicht eine *bessere,* sondern eine *schlechtere* Theorie als andere. Aber sie wird eben erst Theorie, wenn man sie dazu *macht,* wenn man sie tötet. *Das* wird noch viel zu wenig gesehen, daß Anthroposophie nicht nur eine andere Weltanschauung ist als andere, sondern daß sie auch *anders aufgenommen werden muß.* Man erkennt und erlebt ihr Wesen erst in dieser anderen Art des Aufnehmens.»

XX. Über die Auffassung geistiger Wahrheiten (Einleitung, S. 11)

GA 184, Die Polarität von Dauer und Entwickelung im Menschenleben, 6.9.1918:

«Und gut ist es, wenn insbesondere auf unseren anthroposophischen Standpunkten bewußt und gründlich erkannt wird: auch dasjenige Wissen, das man in der Gegenwart, und sei es auch ein noch so ausgeprägtes, über spirituelle Dinge erwerben kann, es darf nicht aufgefaßt werden wie eine Summe von absoluten Dogmen. Man muß sich klar sein darüber, daß Spätere in kommenden Zeiten auftreten werden, die gerade an dem, was wir heute vorzubringen in der Lage sind, Wahreres sehen werden, als wir selbst sehen können. Darauf beruht eigentlich die geistige Entwickelung der Menschheit. Und alles Hemmnis, alles Hindernis des geistigen Fortschrittes der Menschheit beruht schließlich darauf, daß die Menschen das nicht zugeben wollen, daß sie gern Wahrheiten überliefert haben möchten, die nicht die Wahrheiten eines bestimmten Zeitalters sind, sondern die absolute, zeitlose Dogmen sind.»

GA 162, Kunst und Lebensfragen im Lichte der Geisteswissenschaft, 3.6.1915:

«Aber geradeso wie die Geisteswissenschafter von heute stehen zu den Materialisten, so wird es in der Zukunft ein kleines Häuflein von Menschen geben, die über die Geisteswissenschaft hinausgehen werden zu etwas, was sich in dieser Zukunft zur Geisteswissenschaft als etwas so Neues verhält, wie die Geisteswissenschaft zu der bloß äußeren Wissenschaft. Das wird noch viel mehr Ansprüche stellen an die Aktivität des Menschen als die Geisteswissenschaft.»

Anmerkungen

Die Werke Rudolf Steiners werden zitiert nach den Bibliographienummern der Gesamtausgabe (GA), die im Rudolf Steiner Verlag, Dornach/Schweiz, erscheint.

1 GA 199, Geisteswissenschaft als Erkenntnis der Grundimpulse sozialer Gestaltung, 20.8.1920.
2 Vgl. G. Kühlewind, Die Wahrheit tun, Kap. Über das geisteswissenschaftliche Studium, Stuttgart, 2. Auflage 1982.
3 G. Kühlewind, Das Licht des Wortes, Kap. Das Leben der Bewußtseinsseele, Stuttgart 1984.
4 D.T. Suzuki, Die Zen-Lehre vom Nicht-Bewußtsein, Kap. Die Einsicht in die eigene Selbstnatur, München-Planegg, 1957.
5 G. Kühlewind, Das Licht des Wortes, Kap. Das wortlose Denken; Das Leben der Bewußtseinsseele, Stuttgart 1984.
   GA 1926, Okkulte Geschichte, 30.12.1910.
6 GA 4, Die Philosophie der Freiheit, Zweiter Anhang.
7 GA 10, Wie erlangt man Erkenntnisse der höheren Welten? Kap. Bedingungen.
8 GA 215, Die Philosophie, Kosmologie und Religion in der Anthroposophie, 8.9.1922; vgl. auch GA 153, Inneres Wesen des Menschen und Leben zwischen Tod und neuer Geburt, 10.4.1914.
9 GA 177, Die spirituellen Hintergründe der äußeren Welt, 1.10.1917.
10 GA 97, Das christliche Mysterium, 22.2.1907.
11 G. Kühlewind, Die Diener des Logos, Kap. IX. - XII., Stuttgart 1981; Das Licht des Wortes, Kap. 16, Stuttgart 1984.
12 GA 21, Von Seelenrätseln, Kap. IV.1.
13 GA 78, Anthroposophie – ihre Erkenntniswurzeln und Lebensfrüchte, 30.8.1921.
14 GA 253, Probleme des Zusammenlebens in der Anthroposophischen Gesellschaft, 12.9.1915.

Bücher von Georg Kühlewind

Bewußtseinsstufen
Meditationen über die Grenzen der Seele
2. Auflage, 102 Seiten, kartoniert

Die Wahrheit tun
Erfahrungen und Konsequenzen des intuitiven Denkens
2. Auflage, 204 Seiten, kartoniert

Das Gewahrwerden des Logos
Die Wissenschaft des Evangelisten Johannes
2. Auflage, 183 Seiten, kartoniert

Das Licht des Wortes
Welt, Sprache, Meditation
204 Seiten, kartoniert

Die Logosstruktur der Welt
Sprache als Modell der Wirklichkeit
120 Seiten, kartoniert

Vom Normalen zum Gesunden
Wege zur Befreiung des erkrankten Bewußtseins
3. Auflage, 248 Seiten, kartoniert

Die Belehrung der Sinne
Wege zur fühlenden Wahrnehmung
99 Seiten, kartoniert

Weihnachten
Die drei Geburten des Menschen
2. Auflage, 104 Seiten mit vier farbigen Tafeln, gebunden

VERLAG FREIES GEISTESLEBEN